KB080354

무기가 되는 ✦ 시스템

무기가 되는 시스템

살아남는 경영자의
6단계 행동 공식

도널드 밀러 지음 ◆◆◆ 이민희 옮김

Leadership
Cockpit

Marketing
Right Engine

Sales
Left Engine

Products
Wings

Overhead
& Operations
Body

Cash Flow
Fuel Tanks

HOW TO GROW YOUR
SMALL BUSINESS

윌북

전 세계 모든 소규모 사업자에게

미국에서만 **3300**만 개에 이르는 소규모 기업의 **25**퍼센트가 첫해에,
45퍼센트가 **5**년 이내에, **65**퍼센트가 **10**년 이내에 실패한다.
경영진부터 이제 막 입사한 직원까지 수많은 사람들의 미래가
소규모 비즈니스의 성공 여부에 달려 있다.
소기업의 실패는 결코 소소하지 않다.

당신의 비즈니스를 안정적이고 수익성 있게 키워줄
계획이 필요하다면 이 책을 펼쳐라.
이 책에 담긴 **6**단계 공식과 전략 덕분에
수천 명의 사업자가 성공적인 비즈니스를 구축했다.
사업체를 운영하며 혼란을 겪고 있다면,
이 책은 당신을 위한 책이다.

차례

대기업과 소규모 사업체의 가장 큰 차이는 뭘까요? 바로 체계적인 시스템과 프로세스입니다.

그러나 기업의 규모와 상관없이 모든 사업자에게는 비즈니스를 성장시킬 간결한 공식과 전략이 꼭 필요합니다. 소규모 사업체도 매일매일 예측 가능하고 안정적인 운영을 해야겠죠.

'무기가 되는 시스템'은 개인적인 경험을 바탕으로 쓴 책입니다. 제가 회사 운영에 막막함을 느끼고 있을 때, 이 책에 담긴 6단계 공식과 전략은 회사를 완전히 바꿔놓았습니다. 직원 4명으로 출발한 회사는 6년 만에 30명의 직원을 두게 되었고, 수익도 4배가 늘었습니다. 서비스의 질도 향상되고 고객층도 확대되었습니다. 직원들의 사기도 올랐지요. 회사의 운영이 원활해지니 회사에 대한 안팎의 평가는 자연스럽게 좋아졌습니다.

당신이 1인 기업을 운영하든 100명 규모의 중소기업을 운영하든 이 책은 유용한 길잡이가 될 것입니다. 무엇보다 이 책에 담긴 공식과 전략을 적용하다 보면 기업을 운영하는 일이 즐거워질 겁니다. 그 과정을 자기 것으로 만드세요.

그리고 어떤 순간에도 잊지 마시길 바랍니다. 사업을 키우는 일은 재밌어야 한다는 것을요.

내슈빌에서,
도널드 밀러

들어가며
우리 회사를 어떻게
'전문화'할까?

몇 년 전, 친한 친구가 해준 조언을 결코 잊을 수 없다. 그의 명료한 한마디는 오래도록 내 머릿속에 종처럼 울렸다.

그 친구는 부친의 회사를 수십억 달러 규모로 키웠고 그 자금으로 여러 회사를 사고팔아 크게 성공했다. 그는 비즈니스를 운영하고 확장하는 법을 잘 알고 있었다.

나는 그에게 우리 회사의 상황과 밝은 미래에 대한 이야기를 한 시간 넘게 들려줬다. 나는 밝은 미래를 그렸으나 그의 반응은 시원치 않았다. 늘 격려를 아끼지 않는 친구인데 이번에는 건설적인 충고를 하고 싶은 눈치였다. 나는 어떻게 생각하느냐고 단도직입적으로 물었다.

그는 잠시 생각하더니 마침내 안경을 벗으며 말했다.

"도널드, 넌 운영을 전문화해야 해. 그게 네 문제야. 운영을 전문화하지 않으면 길게 못 가. 네가 벌어들이는 돈과 세상에 미칠 긍정적인 영향력도 줄어들 거야."

운영을 전문화하라. 처음 들은 말인데 정곡을 찔린 느낌이었다. 우리 회사는 내가 없으면 돌아가지 않았고, 나부터가 회사를 어떻게 성장시켜야 할지 잘 몰랐다. 비전은 있으나 그 비전을 실현할 만한 안정적인 시스템이 없었다.

그때 나의 친구는 간파한 것이다. 우리 회사가 성장 가도에 올랐으나 대부분의 소기업이 겪는 난코스인 S커브를 향해 가고 있다는 사실을.

두려운 'S커브'를 피할 수 있을까?

잘나가는 비즈니스는 모두 'S커브'라는 특정 패턴을 맞닥뜨린다. 사업이 물살을 타면 회사의 존망을 좌우할 만한 사건이 연이어 터진다.

가령 지지부진 나아가던 어떤 사업이 있다. 갑자기 제품이 팔리기 시작한다. 수요가 마법처럼 급증한다. 회사는 성장가도에 오른다. 제품에 만족한 고객들이 여기저기 입소문을 낸다. 모든 게 순조롭다. 사업자의 모든 문제가 사라진 것처럼 보인다.

그런데 그때 상황이 바뀐다.

경영자는 직원들이 무슨 일을 하는지 정확히 모른 채 성장하리라는 기대감에 부풀어 무리하게 인력을 늘린다. 제품을 많이 만들어야 한다는 생각으로 부품을 과하게 주문한다. 더 많은 거래를 성사시키려고 갖가지 구매 혜택을 제시한다. 효과 없는 마케팅에 너무 많은 돈을 낭비한다. 이런 상황은 제품 출고 지연, 정신없는 메시지, 부실한 응대를 초래하고 고객들은 실망한다. 결국 매출이 떨어지기 시작한다. 지출을 충당하기 위해 일시적으로 가격을 낮추다 보니 제품의 가치도 떨어진다. 수익은 줄어드는 반면 경비는 늘어난다. 사업자는 신용 대출을 받기 시작한다. 가장이 걱정으로 밤잠을 설치니 가족도 고통받는다. 결국 회사는 문을 닫고 대출을 갚기 위해 다른 일자리를 찾아야 한다.

이 모든 게 사람들이 원하는 제품이 있음에도 벌어지는 일이다.

어떻게 수요가 있는데 이런 비극이 벌어질 수 있을까?

그 친구와 대화하고 나서야 내가 S커브에 맞닥뜨렸다는 걸 깨달았다. 내가 잘하는 일은 콘텐츠를 구상하고 제작하는 것이었지만, 지난 1년은 급한 불을 끄느라 회의에 회의를 거듭하고 있었다.

그의 비판은 어떤 면에서는 희망적이었다. 그 덕분에 회사를 올바른 방향으로 이끌기 위해 내가 무엇을 해야 할지 알게 되었으니까. 눈앞에 닥친 S커브를 피하려면 '운영을 전문화'해야 했다.

나는 그의 충고를 마음에 새기고 도전 과제로 받아들였다. 그러길 잘했다. 운영을 전문화하면서 회사는 자리를 잡았고 나는 내가 가장 자신 있는 콘텐츠 제작에 다시 집중할 수 있었다. 사실 그러지 않았다면 이 책을 쓸 수도 없었을 것이다.

그로부터 7년 만에 우리 회사의 매출은 300만 달러에서 2000만 달러로 불어났고 상당한 수익률을 유지했다. 더 놀라운 점은 내가 몇 주간 자리를 비워도 사업이 잘 돌아간다는 것이었다.

어떻게 전문화해야 성공할까?

친구와 대화한 이후 회사의 운영을 전문화할 방법을 찾아봤지만 우리 회사에 맞는 전략은 눈에 띄지 않았다. 리더십, 마케팅, 영업 관련 책은 많아도 소규모 비즈니스를 안정적으로 운영할 단계별 전문화 전략은 없었다.

내가 그에게 조언을 구했을 당시에 내가 필요했던 전략이 바로 이 책의 내용이다. 나는 우리 팀과 함께 수많은 시행착오를 겪으며 가야 할 길을 찾았고 회사를 앞으로 나아가게 만든 방법들을 이 책에 담았다(참고로, 직원들의 단합을 위해 마련한 요가 강좌는 우리 회사 운영 전문화에 도움이 되지 않았다).

'운영 전문화'는 소규모 사업자라면 누구나 해야 할 일이다. 비즈니스가 기계처럼 굴러가는 시스템을 개발하면 당신이 바라던 진전을 이룰 수 있다.

우리 회사가 전문화한 여섯 가지 영역은 다음과 같다.

1. 리더십Leadership: 회사의 비전에 세 가지 경제적 목표를 포함하고 회사의 모든 직원에게 그 목표를 알렸다.
2. 마케팅Marketing: 마케팅 메시지를 명확히 하고, 제품을 구매하여 문제를 해결하는 스토리 속으로 고객을 초대했다.
3. 영업Sales: 고객을 주인공으로 만드는 백만 불짜리 세일즈 피치sales pitch를 만들었다.
4. 제품Products: 제품군을 최적화하여 수요가 많고 수익성 높은 제품에

집중했다.

5. 경비 및 운영Overhead and Operations: 다섯 가지 정기 회의를 마련해 생산성을 늘리고 경비를 줄였다. 모든 팀원이 뚜렷한 목표를 지니고 일하며 지도와 격려를 받게 했다.

6. 현금 흐름Cash Flow: 다섯 가지 예금 계좌로 수입을 관리하고 무엇보다 현금 흐름을 보호했다.

이 여섯 가지를 전문화하자 우리 회사가 겪던 골칫거리가 대부분 해결되었다. 비로소 사업이 안정적으로 운영되기 시작했다.

요즘 나는 주로 콘텐츠를 만들고, 고객을 만나고, 가족과 함께하며 시간을 보낸다. 회사의 여러 팀들과 정기적으로 회의를 진행하며 필요한 정보를 나누고 성장 계획을 세운다.

6단계 전략을 도입하기 전과는 완전히 다른 삶을 살고 있다. 운영을 전문화하고 나서야 비로소 쳇바퀴에서 벗어난 느낌이 들었다.

물론 이런 변화가 쉽게 이뤄지지는 않았다. 컨설팅 회사에 수십만 달러를 쓰고 효과 없는 솔루션을 시도하느라 숱한 시간을 낭비했다. 하지만 결국 이 6단계 전략을 통해 회사의 발전과 사업자로서의 안정감까지 모두 얻을 수 있었다.

지금부터 적용할 수 있는
실용적이고 현실적인 계획이 필요하다

어떤 제품이나 서비스든 제작, 홍보, 판매, 배포하는 시스템을 제대로 구축하면 더 많이 팔린다. 이 책의 목적은 당신의 비즈니스를 변화시키는 것뿐 아니라 당신이 비즈니스를 어떻게 구축해야 하는지 아는 사람으로 변화시키는 것이다. 그러면 다양한 비즈니스에 그 절차를 적용할 수 있다.

당신의 비즈니스 모델이 B2C든, B2B든, 디지털이든, 금융이든, 공업이든, 콘텐츠 중심이든, 서비스 지향이든 이 전략의 모든 단계를 밟으면 수익이 크게 늘 것이다.

6단계를 밟지 않으면 다음 이유로 계속 고전하다가 실패하고 말 것이다.

1. 경제적 목표를 정하지 못함
2. 명확한 메시지로 마케팅하지 못함
3. 고객을 주인공으로 만들지 못함
4. 수요나 수익성이 없는 제품을 생산함
5. 비효율적인 경영으로 경비가 증대함
6. 자금 운용 및 현금 흐름 관리가 부실함

더는 이런 문제들로 좌절하지 않아도 된다.

이 책을 구성하는 6단계를 '운영 전문화 매뉴얼'이라고 생각하

라. 순서대로 밟아도 되고 시급한 단계부터 밟아도 된다. 반년 안에 완료할 수도 있고 1년 이상 걸릴 수도 있다. 각 단계를 완료할 때마다 성과가 나타날 것이다. 미션 선언문Mission Statement에 세 가지 경제적 목표를 포함하는 1단계만으로도 매출이 증가하고 직원들의 집중력과 사기가 향상될 것이다. 그렇게 단계마다 더 큰 성장을 이뤄 나갈 수 있다.

꼭 6단계를 모두 이행해야 하는 것은 아니지만 더 많이 수행할수록 비즈니스는 더욱 순탄하게 굴러갈 것이다.

더 이해하기 쉽게, 이 6단계를 거대한 '비행기'라고 생각해보자.

비즈니스는 비행기와 같다

비즈니스를 최적화하려면 비교할 기준이 필요하다. 우리 회사의 연간 수익이 25만 달러 미만이었을 때, 내 책장에는 모형 비행기가 놓여 있었다. 어느 날 무심코 그 모형을 바라보다가 비행기의 구조가 비즈니스와 비슷하다는 걸 깨달았다. 비행기와 마찬가지로 비즈니스 안에도 여러 요소가 있고 그 요소들이 제대로 맞물려야 순항할 수 있다.

잘 설계된 비행기는 승객과 화물을 목적지까지 안전하고 유용하게 나르지만, 제대로 설계되지 않으면 끔찍한 참사를 불러올 수 있다.

비행기의 최우선 목표는 목적지까지 무사히 도착하는 것이다. 이륙하려면 날개가 가볍고 튼튼해야 한다. 공중에 머무르려면 엔진의 추진력이 강해야 한다. 승객과 화물의 무게를 감당하려면 기체가 날렵해야 한다. 그리고 목적지에 도착할 때까지 연료가 떨어지지 않아야 한다.

비즈니스의 여섯 가지 핵심 영역

비즈니스에는 비행기처럼 여섯 가지 핵심 영역이 있다.

1. 리더십은 조종석이다

조종석에 앉는 조종사는 비행기를 목적지까지 안전하게 이끌 책임이 있다. 비행기의 항로가 올바른지, 안전하게 도착할 수 있는지 알아야 한다.

명확한 경제적 목표를 가지고 팀을 단결시키는 리더가 비즈니스를 성장시킨다.

리더십(조종석)
마케팅(오른쪽 엔진)
제품(날개)
경비 및 운영 (기체)
현금 흐름(연료 탱크)
영업(왼쪽 엔진)

들어가며

2. 마케팅은 오른쪽 엔진이다

엔진은 비행기의 추진력을 담당한다. 마케팅 엔진이 효율적으로 작동하면 판매량이 증가하고 비즈니스가 탄력을 받는다.

비즈니스를 성장시키려면 마케팅 메시지를 명확히 해야 한다. 그래야 강한 추진력을 얻을 수 있다.

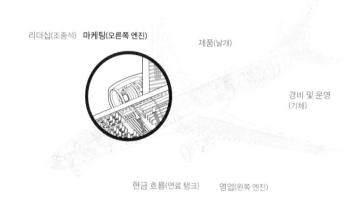

리더십(조종석) 마케팅(오른쪽 엔진)   제품(날개)

경비 및 운영
(기체)

현금 흐름(연료 탱크)   영업(왼쪽 엔진)

3. 영업은 왼쪽 엔진이다

왼쪽 엔진은 비행기의 추진력을 더 끌어올리는 역할을 한다. 사업자라면 영업팀이 없더라도 수시로 영업에 나서야 한다. 판매 제품이 고객의 문제를 해결해주는 스토리로 고객을 초대하는 법을 익히면 매출과 함께 비즈니스가 상승세를 탄다.

비즈니스를 성장시키려면 고객을 주인공으로 만들어야 한다. 판매자가 주인공이 되어서는 안 된다. 고객을 스토리로 초대하는 영업 화법을 익히면 추진력을 더욱 끌어올릴 수 있다.

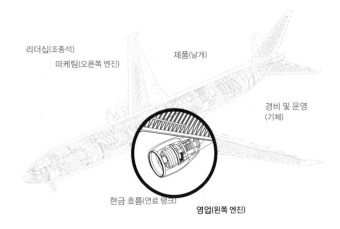

리더십(조종석)
마케팅(오른쪽 엔진)
제품(날개)
경비 및 운영
(기체)
현금 흐름(연료 탱크)
영업(왼쪽 엔진)

4. 제품이나 서비스는 날개다

제품이나 서비스의 수요가 많고 수익성이 높으면 기체의 무게를 지탱할 수 있다. 마케팅과 영업으로 추진력을 얻어도 애초에 날개가 부실하면 비행기가 날아오를 수 없다.

비즈니스를 성장시키려면 제품군을 최적화해야 한다. 그래야 비행기가 최대한 높이 뜰 수 있다.

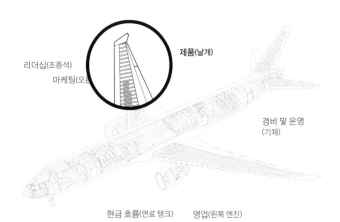

제품(날개)
리더십(조종석)
마케팅(오른쪽 엔진)
경비 및 운영
(기체)
현금 흐름(연료 탱크)
영업(왼쪽 엔진)

5. 경비는 기체다

경비가 늘어난다는 것은 비행기의 기체가 무거워지는 것과 같다. 비즈니스에서 가장 큰 지출은 대개 인건비다. 직원이 몇 명 없어도, 심지어 혼자여도 관리 및 생산성 간소화 전략을 수행하지 않으면 인건비 때문에 추락할 수 있다.

비즈니스를 성장시키려면 모든 팀원이 경제적 목표를 이해하고 실천할 수 있는 관리 및 생산성 간소화 전략이 필요하다.

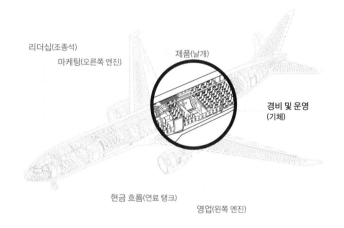

6. 현금 흐름은 연료 탱크다

연료는 비행기의 각 요소에 동력을 전달한다. 아무리 잘 설계된 비행기여도 연료가 떨어지면 추락한다. 비즈니스도 마찬가지다. 비상 착륙을 위해 공항 주위를 맴돌 경우를 대비하는 비행기처럼 운영 자금을 충분히 확보하고 관리해야 한다.

비즈니스를 성장시키려면 간편한 자금 관리 방법이 필요하다.

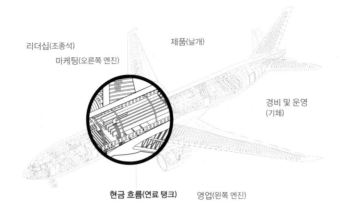

리더십(조종석)
마케팅(오른쪽 엔진)
제품(날개)
경비 및 운영
(기체)
현금 흐름(연료 탱크)
영업(왼쪽 엔진)

비행기에 빗대면 결정이 쉬워진다

비즈니스를 비행기라고 생각할 때 의사 결정이 훨씬 수월해진다. 예를 들어 나는 새 직원을 뽑을 때마다 그 인건비를 어떻게 벌충할지 따져본다. 이 투자로 인해 날개가 커질까(새 제품을 개발하는 데 보탬이 될까)? 아니면 추진력이 늘어날까(매출이 증가할까)? 아니면 기체가 무거워질까(경비가 불어나 추락의 원인이 될까)?

비행기를 떠올리면 더 이로운 결정을 내릴 수 있었고, 그것이 성장의 열쇠였다. 리더가 현명한 결정을 잇달아 내리고 문제가 생겼을 때 어떻게 해결하는지 알면 비즈니스는 성장한다. 비행기라는 척도를 이용하면 여섯 가지 영역에서 어디를 개선해야 하는지 판단할 수 있다.

비즈니스가 비행기와 비슷하다는 걸 깨달은 이후 나는 수천 명의 사업자에게 이 비유를 전수했다. 그 결과는 놀라웠다. 6단계 공식

들어가며

을 도입한 기업들의 수익이 두 배로 증가했다. 비즈니스를 성장시키고 싶다면 비행기가 더 멀리, 더 빠르게 날 수 있도록 여섯 가지 영역을 잘 연결하기만 하면 된다.

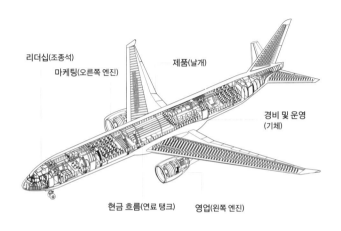

리더십(조종석)
마케팅(오른쪽 엔진)
제품(날개)
경비 및 운영 (기체)
현금 흐름(연료 탱크)
영업(왼쪽 엔진)

비례의 법칙을 따르면 추락하지 않는다

비즈니스가 안전하게 성장하려면 각 영역을 일정한 비율로 키워야 한다. 비즈니스의 규모가 아주 작다면 초소형 비행기에 혼자 타고 있는 것과 같다. 당신은 콧노래를 흥얼거리며 구름 속을 유유히 가로지른다. 하나뿐인 엔진은 마케팅으로, 아마 간단한 판매 경로나 페이스북 광고에 쓸 것이다. 날개는 작지만 날아오르기에는 충분하다. 직거래 장터나 온라인 쇼핑몰이나 작은 상점에서 파는 제품일 수도 있고, 컨설팅이나 금융 서비스, 부동산 중개, 네트워크 마케팅 상품일 수도 있다. 뭐든 간에 수요가 있는 제품이나 서비스를 내놓고 단독 프로펠러 마케팅 엔진으로 나아가다 보면 주머니에 돈이 들어온다. 연료 탱크는 작지만 기체 자체가 작으므로 비상시에도 공항 주위를 몇 바퀴 맴돌 수 있다.

마케팅(엔진)　　　제품(날개)

경비 및 운영
(기체)

현금 흐름(연료 탱크)

　　시간이 지나고 비즈니스가 성장하면, 인력이 필요해진다. 우선 시간을 확보해줄 개인 비서를 고용한다. 비서 고용으로 비즈니스 기체의 무게가 늘어나지만 날개의 크기나 엔진의 힘은 그대로다. 아무래도 조금 불안하지만, 비서가 벌어준 시간에 제품과 마케팅에 집중할 수 있으니 장기적으로는 이득이다. 기체가 조금 무거워져도 날개와 엔진이 커지면 괜찮다.

개인 비서

축하한다. 비즈니스가 이제 막 순항 고도에 올랐다. 계속 나아가자.

경비가 좀 더 늘어나고 엔진 소리도 좀 더 커졌으니 연료 탱크의 크기를 늘려야 한다. 비상사태에 대비해 6개월 치 경비를 비축해두는 것이 좋다. 그렇게 해서 안정감이 들면 다음 계획을 세울 수 있다.

외주 마케팅을 이용하는 것보다 자체 인력을 두는 게 낫겠다고 판단해 마케팅 담당자를 고용한다. 인건비가 만만치 않지만 새 인력이 보조 엔진 역할을 한다. 이제 비행기에는 당신, 비서, 마케팅 담당자 세 명이 탑승해 있다. 기체가 좀 더 무거워졌으나 순조롭게 날고 있다.

1년쯤 지나니 제품에 관심을 보이는 고객층이 늘어난다. 다양한 고객에게 다가갈 수 있도록 영업 담당자를 고용한다. 추진력을 높이되 경비에 부담이 가지 않을 만큼 영업 담당자에게 기본급과 적당한 성과보수를 지급한다.

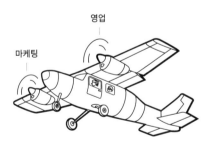

여기서부터 제품 제작, 생산, 마케팅, 영업, 관리 인력을 번갈아 늘릴 수 있다. 경비를 주시하면서 인력을 고루 배치하기 때문에 위험

부담을 줄이며 비즈니스를 성장시킬 수 있다. 여기에 6단계 전략을 밟으면 각 단계가 성장으로 이어질 뿐 아니라 그 성장을 수월하게 관리할 수 있다.

그러나 안타깝게도 사업자 대부분은 성장을 잘 관리하지 못한다. 좌우 엔진의 무게를 지탱하기도 전에 추가 인력을 고용하거나, 고용을 한참 미루다가 고객 만족도와 회사의 성장 잠재력을 놓쳐버린다.

소규모 사업이 실패하는 주된 이유는 수요가 없어서가 아니라 체계적인 성장 계획이 없기 때문이다. 비즈니스를 구축하더라도 제대로 구축해야 한다. 잘못 설계된 비행기는 떠오르지 못한다. 더 나쁘게는 잠시 날다가 추락할 수 있다.

비즈니스는 보통 여섯 가지 이유 중 하나로 실패한다. 직원들이 경제적 목표를 중심으로 단결하지 못했거나, 마케팅 메시지가 명확하지 않았거나, 영업이 판매를 극대화하지 못했거나, 제품의 수요나 수익성이 낮거나, 경비가 과도하게 늘었거나, 자금이 부족했던 탓이다.

비즈니스를 비행기처럼 구축하는 6단계를 완수하면 비즈니스가 여섯 가지 치명적 결함을 피해 순조롭게 날 것이다.

성공한 것처럼 '보이는' 것 경계하기

안타깝게도 많은 비즈니스, 특히 벤처 투자나 사모펀드와 같은 외부 자금을 조달받은 스타트업은 성공한 것처럼 보이기 쉽다. 방심하면 안 된다. 전액 자금을 투자받은 스타트업 역시 비행기의 원리를 따르지 않으면 투자자의 돈을 모두 잃는다.

은행 계좌에 찍힌 수백만 달러를 보고 분별없이 지출하는 리더들이 너무 많다. 먼저 브랜드 정체성을 만든다고 브랜딩 업체에 큰돈을 쓴다. 대개 브랜딩 업체는 고객사가 돈을 버는 것보다 고객사를 멋지게 포장하는 데 더 관심이 있다. 결국 겉만 번지르르한 브랜드를 내세워 사람들에게 혼란을 주게 된다. 그리고 제품 판매에는 딱히 도움이 안 되는 갖가지 판촉물에 예쁜 로고를 붙여 투자를 두 배로 늘린다. 그뿐 아니라 엄청난 초기 자본에 흥분해 대도시 노른자 땅에 사무실을 임대한다. 벽에 로고를 내걸고 친구들을 초대해 파티를 여는 등 대학 시절보다 흥거운 시간을 보낸다.

이런 결정들은 비즈니스를 약한 엔진과 비대한 몸체를 가진, 조종석보다 일등석이 중요한 비행기로 만들어버린다.

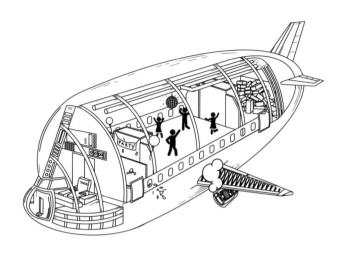

차라리 자금이 넉넉하지 않은 상태에서 비즈니스를 시작하면 오히려 유리할 수 있다. 왜 그럴까? 비즈니스의 성패를 좌우하는 비례의 법칙을 더 잘 파악하기 때문이다. 사업자에게 벤처 투자나 사모펀드는 놀라운 도구지만 신중하게 활용하지 않으면 방향 감각을 잃은 채로 비행기를 조종할 수 있다.

6단계 전략을 수립하라

비례식을 무시하고 비행기를 설계하면 사람들이 다친다.

비행기를 올바르게 설계하고 제조하기 위해 엔지니어는 철저한 점검표를 활용한다. 그 후 하늘을 나는 조종사도, 지상의 유지보수 직원들도 여러 점검표를 활용한다. 그 덕분에 비행기는 가장 안전한

들어가며

교통수단으로 꼽힌다.

성장하고자 하는 비즈니스 리더에게 필요한 것도 바로 그런 점검표다.

많은 소규모 사업자가 복잡하고 번거롭다는 이유로 운영을 전문화하지 못한다. 전반적인 비즈니스 전략을 마련하는 일이 고객을 만족시키는 일보다 어렵다는 사람도 있다. 그저 자신 있는 제품을 내놓고 관심 있는 고객에게 팔고 싶었을 뿐이지, 비즈니스를 제대로 구축할 생각은 없었기에 막막함을 느낀다는 것이다. 심지어 비즈니스 자체가 걸림돌처럼 보인다.

이 책을 점검표로 활용해 수익과 고객 만족도를 극대화하는 비즈니스를 구축하자. 요점은 간단하다. 급한 불을 끄느라 제품 판매와 고객 응대가 미흡해졌다면 운영을 전문화해야 한다.

이 책에 등장하는 6단계는 그 자체로 하나의 안내서다. 필요한 단계를 회사의 상황에 맞는 속도로 진행하면 된다. 오래도록 두고두고 참고해도 좋다. 경영진과 이 책을 돌려 보고 비즈니스 비행 계획을 검토하며 조직을 혁신하라.

방향을 제대로 잡으면 구름 위를 나는 경험은 아주 짜릿할 것이다. 이제 첫 단계를 밟아보자.

리더십
Leadership

미션이 있는 비즈니스 만들기

1단계에서 해결할 수 있는 문제들

- 대충 감으로 운영하는 느낌이 든다.

- 뚜렷한 비전이 없다.

- 목표를 그때그때 만들어간다.

- 직원들이 미션 선언문을 기억하지 못한다.

- 필요하리라는 '추측'만으로 인력을 고용한다.

- 직원들이 미션의 중요성을 이해하지 못한다.

- 돈을 벌려고 애쓸 뿐 장기적인 계획이나 방향이 없다.

모든 직원이 따르는
경영 방침이 필요하다

리더십(조종석)
마케팅(오른쪽 엔진)
제품(날개)
경비 및 운영
(기체)
현금 흐름(연료 탱크)
영업(왼쪽 엔진)

리더의 최우선 임무는 목적지를 명확하게 설정하고 무사히 도착할 계획을 세우는 것이다. 그다음은 팀원들에게 목적지를 계속 일깨우고 도착할 때까지 계획을 틈틈이 조율해야 한다.

성공적인 비행의 열쇠는 비행 계획이다. 목적지가 명확하게 설정되지 않으면 조종사와 승무원들은 목표를 달성하는 데 필요한 작업을 수행할 수 없다.

비행 중인 조종사는 매 순간 비행기가 어디에 있어야 하는지 정확히 알고 있다. 좌표는 비행 중에 살짝 변경될 수 있지만 주요 경로가 정해져야 의사 결정이 훨씬 수월해진다.

비즈니스를 이끌 때도 마찬가지다.

특히 소규모 비즈니스 대부분은 목표가 있기는 하지만 그 안에서 팀원들이 자신의 역할을 이해할 만큼 명확하지 않다. 만약 목표가 '고객 만족과 신뢰 확보'라면 팀원들은 갈피를 못 잡을 것이다. 그런데 목표가 '향후 1년 안에 코칭 고객 수를 3배로 늘리는 것'이고, 핵심 행동이 '고객들에게 코칭 프로그램에 대해 아는지 묻는 것'이라면 팀원들은 행동에 나설 것이다. 왜? 미션이 구체화되고 핵심 행동이 정해졌기 때문이다.

1단계 '미션이 있는 비즈니스 만들기'는 비즈니스가 명확한 목표를 지니고 나아갈 수 있도록 돕는다. 1단계에서는 다음 세 가지 요소로 구성된 경영 방침을 작성한다.

1. 세 가지 경제적 목표가 담긴 미션 선언문
2. 전 직원에게 요구되는 자질을 갖춘 인재상
3. 매일 조직을 단결시킬 수 있는 핵심 행동

1단계를 완료하면 경영 방침이 한 장에 정리된다. 비즈니스의 방향을 정하고 나면 도착까지의 과정이 더욱 수월해질 것이다.

_____회사명_____ **비즈니스 미션**

MISSION STATEMENT

미션 선언문

KEY CHARACTERISTICS

인재상 ❶	인재상 ❷	인재상 ❸

CRITICAL ACTIONS

핵심 행동 ❶	핵심 행동 ❷	핵심 행동 ❸

혼자서 작성한다면 며칠은 들이는 편이 좋다. 경영 방침의 각 요소는 신중히 고려해야 하므로 여유를 가지고 작성하자. 여럿이서 작성한다면 8~10시간이 적당하다. 회의를 2시간씩 4~5번 진행하거나 꼬박 하루 동안 진행할 수 있다. 실제로 많은 회사가 경영 방침을 작성하고자 워크숍을 떠난다.

지금부터 경영 방침의 세 가지 요소를 하나씩 차근차근 안내하겠다.

세 가지 요소를 채워 경영방침 워크시트를 완성하고 나면 비즈니스가 경제적 목표를 중심으로 정비되고, 어떤 인력이 필요한지 파악할 수 있으며, 성공을 보장하는 핵심 행동을 수립할 수 있다.

미션이 있는 비즈니스 1부: 미션 선언문

대부분의 미션 선언문이 실패하는 이유는 다음과 같다.

1. 구체적인 경제적 목표가 없다.
2. 목표 달성 기한이 없다.
3. '왜?'라는 질문에 대한 답이 없다.

미션 선언문에 이 세 가지를 포함하면 팀을 중요한 스토리 안으로 끌어들일 수 있다.

BUSINESS ON A MISSION
GUIDING PRINCIPLE WORKSHEET

_____ 회사명 _____ **비즈니스 미션**

MISSION STATEMENT

미션 선언문

KEY CHARACTERISTICS

인재상 ❶	인재상 ❷	인재상 ❸

CRITICAL ACTIONS

핵심 행동 ❶	핵심 행동 ❷	핵심 행동 ❸

왜 팀을 스토리 안으로 끌어들여야 할까? 인간은 누구나 중요한 서사에서 중요한 역할을 맡기를 원한다. 효과적인 미션 선언문을 제시하면 팀원들에게 어떤 서사 안에서 크게 활약할 수 있는 역할을 부여하는 것이다. 결과적으로 팀의 사기, 생산성, 고용 안정을 끌어올릴 수 있다. 누구나 공동의 목표를 실행하는 기업에서 일하고 싶어 한다.

미션 선언문은 원래 잘 잊히기 마련이다

대부분의 미션 선언문은 쓸모가 없다.

기업의 미션 선언문은 대개 이런 식으로 흘러간다. 우리는 고객에게 정직하고 우수한 서비스를 제공함으로써 고객 가치를 높이기 위해 존재하며 이를 통해 어쩌고저쩌고……

이런 미션 선언문에는 한 가지 중요한 요소가 빠져 있다. 바로 '미션'이다.

미션을 얼마나 분명하고 구체적으로 제시하느냐가 비즈니스의 성패를 좌우한다.

지휘관이 대원들에게 지령을 내린다면 어떻게 말하겠는가? '우리의 임무는 언젠가 모든 시민이 자유로울 수 있도록 위험한 폭도를 진압함으로써 공익을 위해 봉사하는 것이다'라고 말하면 구체적인 행동을 유도하기 어렵다. 하지만 '우리의 임무는 지상 및 공중 포격으로 폭도의 근거지를 소탕해 인질을 구하고 일대를 장악하는 것이다'라고 말하면 적절한 팀이 적절한 계획을 세우고 일련의 행동에 나설 수 있다.

마찬가지로 교향악단 지휘자가 단원들에게 '뛰어나게 연주하라'라고 지시해봤자 아무 소용 없다. 딱 집어 홀스트의 〈행성〉을 뛰어나게 연주하라고 지시하지 않는다면 단원들은 저마다 다른 곡을 뛰어나게 연주할지도 모른다.

미션이 구체적이면 동기를 부여하고, 모호하면 혼란을 야기한다. 혼란스러운 미션이 조직의 발목을 잡을 수 있다.

팀의 사기를 북돋으려면 스토리의 문을 열어라

팀원들이 미션을 중심으로 단결하려면 미션을 달성해야만 닫을 수 있는 스토리의 문이 열려야 한다. 모호한 미션은 그 문을 열지 못한다. 이야기의 청자는 주인공이 폭탄을 해체해낼지, 첫사랑과 이루어질지 알아내려고 촉각을 곤두세운다. 스토리 속 문제가 해결되고 마음의 평화를 찾을 때까지 약간의 초조함과 불편함을 느낀다.

스토리는 퍼즐과 비슷하다. 인간은 누구나 혼란을 바로잡고 싶어 하고, 그렇게 했을 때 후련함을 느낀다. 스토리의 문을 닫고 싶은 욕구를 '서사 견인narrative traction'이라고 하고 이 서사 견인이 우리가 스토리에 몰입하게 되는 지점이다. 이 지점은 비즈니스에서도 중요하다. 미션 선언문이 견인력을 만들어내면 팀은 스토리의 문을 닫기 위해 노력하게 되므로 단합력과 생산성이 높아진다.

지휘관이 대원들에게 구체적으로 지령을 내리면 대원들은 적절한 계획을 세워서 초조함과 불편함을 해소할 수 있지만, 지령이 모호하면 스토리가 어떻게 끝날지 상상할 수 없어서 우왕좌왕할 것이다. '우리는 고객에게 세심하고 훌륭한 서비스를 제공하기 위해 존재한 다'와 같은 문구는 공허한 메아리에 불과하다. 이런 선언문은 대원들 에게 공익을 위해 싸우라고 말하는 것이나 다름없다. 공익은 대체 무 엇이고 누구와 어떻게 싸우라는 것인가?

미션 선언문은 구체적이어야 한다

'모든 일'에 뛰어난 사람을 주인공으로 만들어 영화 각본을 쓴다 면 관객은 혼란스러워할 것이다. 하지만 주인공이 '10미터 달리기 세 계 기록 경신'을 원한다면 서사 견인이 생긴다. 관객의 머릿속에 스 토리의 문이 열리면서 주인공이 기록을 깰 수 있을지 알아내고자 끝 까지 몰입하게 된다.

미션 선언문이 서사 견인을 갖추려면 **세 가지 경제적 목표, 기한, 미 션이 중요한 이유**가 필요하다.

미션 선언문에 반드시 필요한 세 가지 요소

효과적인 미션 선언문을 작성하기 위해 가장 먼저 해야 할 일은 구체 적인 목표 달성 지표를 파악하는 것이다.

첫째, 미션 선언문은 세 가지 경제적 목표가 있어야 한다.

모두가 목표를 정확히 알고 수치화할 수 있다면 미션을 명확하 게 선언한 것이다. 직원들이 미션 선언문을 읽고 어리둥절한 채로 눈치만 보고 있다면 비즈니스는 앞으로 나아가기 어렵다.

'재구매율을 두 배로 늘린다', '매출을 35퍼센트 늘리고 수익률을 12퍼센트 높인다', 'Y제품을 X개 판매한다'처럼 수치를 명시하면 목표 달성 여부를 알 수 있다. 이렇게 목표가 구체적이면 직원들이 스토리의 문을 닫고자 행동에 나설 것이다.

세 가지 경제적 목표에 대해서는 곧 자세히 설명하겠다. 일단 서사 견인을 갖추는 데 필요한 두 번째 요소를 살펴보자.

둘째, 미션 선언문은 기한이 있어야 한다.

중요한 임무는 달성 기한도 함께 제시해야 한다. 집을 지을 때 예산과 일정을 합의하지 않고 건축업자를 고용하는 경우는 없다. 기업의 미션도 마찬가지다.

대부분의 미션 선언문에 기한이 없는 이유 중 하나는 리더가 그 미션이 영원해야 한다고 생각하기 때문이다. 착각이다. 어느 스포츠 팀이 '앞으로 언젠가' 우승하겠다고 선언하면 어떻게 들릴까? 미션은 어느 정도 긴박감을 조성해야 한다.

따라서 몇 년에 한 번씩 미션 선언문을 수정해야 한다. 기한 없는 미션은 행동을 유도할 수 없다.

대부분의 미션 선언문에 기한이 없는 또 다른 이유는 미션을 달성해야 한다는 부담감이나 달성하지 못했을 때의 불편함을 피하고 싶기 때문이다. 그러나 미션 선언문이 애매할수록 미션을 달성하지 못한 원인도 짚어내기 어려워진다. 그런 미션 선언문은 목적에 어긋난다. 좋은 미션 선언문에는 현실적인 목표와 기한이 명시되어야 한다.

셋째, 미션 선언문은 미션이 중요한 '이유'가 있어야 한다.

이유가 있어야 팀이 미션에 전념할 수 있다. 팀의 성과를 측정할 수 있는 요소보다 미션 달성 서사에 역점을 둬야 한다.

인간은 복잡한 존재다. 돈이나 성공만이 동기를 부여하지는 않는다. 우리는 중요한 일을 하길 원한다. 타인의 삶에 변화를 일으키고 싶어 한다. 이윤만 추구하면 돈을 더 많이 벌 수는 있겠지만 이 책을 읽는 당신은 아마 돈을 좀 덜 벌더라도 고객을 더 만족시키는 비즈니스를 구축하길 원할 것이다.

그렇다면 미션 선언문에 어떻게 '이유'를 포함할까? 고객이 제품과 서비스를 만났을 때 어떤 일이 일어나는지 언급해야 한다.

예를 들어 부동산 중개 사무소를 운영하면서 올해 주택 100채를 중개하고자 한다면, 미션 선언문은 이런 구절로 마칠 수 있다. '누구나 자신이 사랑하는 집에서 살 수 있어야 하기 때문이다.'

이 구절은 당신의 비즈니스가 중요한 이유이기도 하다. 부동산 중개인은 고객이 마음에 드는 집을 찾아 행복해지기를 바란다. 그런 집을 찾도록 돕는 일은 중요하다. 바로 이런 구절이 직원들을 더 분발하게 만든다.

만약 치과를 운영한다면 '자기 미소가 마음에 드는 사람은 자신과 삶을 더욱 사랑하기 때문이다'라고 쓸 수 있다.

미션 선언문의 마지막에 미션을 달성해야 할 이유를 언급하면 모두가 미션의 중요성을 이해하게 된다.

1단계 리더십

미션 선언문의 세 가지 요소가 서사 견인을 만든다

모든 비즈니스가 맞닥뜨리는 문제 중 하나는 직원들의 참여도다. 어떻게 해야 직원들이 업무에 몰입할 수 있을까? 어떻게 해야 뛰어난 인재들을 영입하고 보유할 수 있을까?

다시 한번 강조하지만 직원들의 참여를 유도하는 가장 좋은 방법은 미션에 대한 서사 견인을 만드는 것이다. 서사 견인은 미션 선언문이 매력적인 질문을 제기할 때 발생한다. 우리가 경쟁사를 능가할 수 있을까? 새로운 수익원을 창출할 수 있을까? 제품 X의 매출을 두 배로 늘릴 수 있을까?

서사를 이끄는 세 가지 요소로 이뤄진 미션 선언문의 형식은 다음과 같다.

'우리는 X를 Y까지 Z 때문에 달성할 것이다.'

이 간단한 형식으로 미션 선언문에 경제적 좌표, 긴박감을 주는 현실적인 달성 기한, 미션이 중요한 이유를 모두 담을 수 있다.

이제 나만의 미션 선언문을 요소별로 작성해보자.

미션 선언문 첫 번째 요소:
세 가지 경제적 목표

대부분의 미션 선언문은 경제적 목표를 담지 않는다. 이는 실수다. 비즈니스는 고객 가치와 수익을 창출하기 위해 존재한다. 이러한 목표를 숨겨서는 안 된다.

고객을 만족시키면 돈은 저절로 따라온다고 믿는 사람들이 있다. 안타깝지만 틀렸다. 고객 만족과 수익성 모두 챙겨야 한다. 물리 법칙처럼 비즈니스에도 불변의 법칙이 있다. 승무원이 승객에게 아무리 좋은 서비스를 제공해도 비행기의 연료가 떨어지면 재앙이 벌어진다.

어떤 비즈니스든 생존하려면 돈을 벌어야 한다. 미션 선언문에 경제적 목표를 넣으면 안정적인 비행을 위한 뚜렷한 목표가 설정된다.

비즈니스가 순조롭게 나아가려면 그만한 수익을 창출해야 한다. 어떤 직원들은 매출을 올리는 것보다 제품을 무료로 제공하고 감사 인사를 받는 것을 더 즐긴다. 이런 방식은 위험하다. 이런 직원들은 '내 회사도 아닌데'라는 심리로 일한다. 자기 비행기가 아니라 당신 비행기라는 것이다. 그들은 당신의 비행기를 추락시키고 다른 비행기로 갈아타 그 비행기도 추락시킬 수 있다. 매출에 관심 없는 그들은 모순적이게도 자기 급여에는 민감하다.

'돈 욕심 없다'라는 사고방식이 비즈니스를 지배해서는 안 된다. 고객 만족과 수익은 얼마든지 양립할 수 있다. 거듭 강조하지만, 비즈니스가 안정적으로 나아가려면 그만한 수익을 창출해야 한다.

경제적 목표를 공공연히 거론하라

미션 선언문에 세 가지 경제적 목표를 담아야 하는 가장 큰 이유는 관련 대화를 자유롭게 나누기 위해서다. 내가 장담하는데, 회사 안에서 매출 얘기가 자연스럽게 오가면 매출이 오른다.

경영진과 다음 질문을 꾸준히 던지고 답해야 한다.

- 매출을 얼마나 올리고 있는가?
- 앞으로 얼마나 더 올릴 수 있는가?
- 이번 달 또는 이번 분기의 경제적 목표는 무엇이었나?
- 목표를 달성했는가? 달성하지 못했다면 그 이유는 무엇인가?
- 미션 선언문의 경제적 목표를 변경해야 할까?
- 미션 선언문에 담지 않은 경제적 목표들은 어떻게 진행되고 있는가?

왜 꼭 세 가지 경제적 목표인가?

비즈니스에는 다양한 경제적 목표가 있을 수 있다. 특정 수량 판매, 특정 수익률 유지, 특정 매출액 증가를 비롯해 수십 가지에 달할 수도 있다. 하지만 미션 선언문에서 세 가지로 제한하는 이유는 인간의 뇌가 한 번에 네 가지 이상의 목표를 우선하기 어렵기 때문이다. 모든 것을 우선하면 아무것도 우선하지 않는 것이다.

어쨌거나 대부분의 비즈니스에서 성공을 결정짓는 경제적 요소는 보통 세 가지다. 더 많은 요소를 고려할 수도 있지만 미션 선언문에서만큼은 세 가지에 집중해야 한다.

경제적 목표를 적는 것은 세부 목표들을 카테고리로 묶는 기능을 한다. 예를 들어 반려동물용품점에서 수백 가지 상품을 파는 경우, '매일 개 사료 35봉지 판매하기'를 목표로 정하면 사료 브랜드가 20가지에 달하더라도 한 카테고리에 묶었으므로 직원들은 목표 달성에 집중할 수 있다. 목표에 미달한 경우 사료들을 더 잘 보이게 진열하거나 고객들에게 프로모션 메시지를 보낼 수 있다.

미션 선언문에 세 가지 경제적 목표를 명시하면 함께 힘을 합쳐 닿아야 하는 스토리의 문을 열 수 있다. 즉 다 함께 임무를 완수하는 데 집중할 수 있다.

판매 목표에는 잠재 고객 확보를 추가해도 된다. '웹사이트 가입 00건'이나 '콘텐츠 다운로드를 통한 이메일 주소 00개 수집' 등이 목표가 될 수 있다. 잠재 고객 확보는 직접적이지는 않아도 매출에 도움이 되므로 경제적 목표라고 할 수 있다. 예를 들어 온라인 세미나, 오픈 하우스, 강연 등 고객 유치용 무료 콘텐츠를 제공하여 잠재 고객을 확보하면 매출로 이어질 수 있다.

그렇다면 세 가지 경제적 목표를 미션 선언문의 어디에 넣어야 할까? 맨 앞이다.

미션 선언문은 이렇게 시작한다. 우리는 X(세 가지 경제적 목표)를 달성할 것이다.

우리는 데스크톱을 50대, 노트북을 100대, 헤드셋을 200개 판매할 것이다.

우리는 고객 42명의 집을 팔아주고, 53명에게 새집을 구해주며, 오픈 하우스를 18번 열 것이다.

이토록 간단하다. 비즈니스를 발전시킬 세 가지 경제적 목표를 미션 선언문에 넣으면 된다.

세 가지 경제적 목표는 구체적이고 측정 가능하며 회사의 매출과 수익을 끌어올려야 한다.

구독자를 20퍼센트 늘리면 매출과 수익이 늘어나는가? 그렇다면 미션 선언문에 넣을 수 있는 목표다.

가령 당신이 레스토랑을 운영하며 디저트로 유명해지고 싶다고 치자. 좋다. '우리는 디저트로 유명해질 것이다'라고 하지 말고 '우리는 매일 저녁 시간대에 한 시간당 평균 47개의 디저트를 판매할 것이다'라고 하자. 이런 식으로 목표를 잡으면 팀은 판매량을 채우려고 노력할 것이다. 디저트가 평균 20개밖에 나가지 않는다면 직원들은 각 테이블에 디저트를 원하는지 묻거나 별도의 디저트 메뉴를 인쇄해 테이블에 놓을 수 있다. 다시 말하지만, 미션 선언문에 경제적 목표를 명시하면 팀은 목표를 달성하기 위해 대책을 세울 것이다. 미션 선언문이 모호하면 비즈니스 성장에 필요한 창의성을 불러일으키지 못한다.

세 가지 경제적 목표가 왜 측정 가능해야 하는가?

미션 선언문에 넣을 세 가지 경제적 목표가 측정 가능해야 하는 이유는 목표를 완수했는지 명확히 알 수 있어야 하기 때문이다. 비즈니스의 목표가 '고객 만족'이라면 허울은 좋으나 실속이 없다.

'고객 만족'은 측정하기 어려운 목표다. 그 대신 '1년 이내 재방문 고객 250명'이라고 측정 가능한 목표를 내걸면 계획을 세우고 추진할 수 있다. 실패해도 괜찮다. 실패한 원인을 파악하고, 계획을 조정하고, 기한을 연장하면서 계속 추진하면 된다.

목표를 완수하면 급여와 복리후생비를 넉넉히 확보하고 장차 외부 투자와 개인 자산을 늘릴 수 있다.

당신의 미션 선언문에 넣을 세 가지 경제적 목표는 무엇인가?

사업체별로 예시를 이렇게 들 수 있다.

양조장: 우리는 레스토랑 75곳, 프랜차이즈 마트 4곳, 주점 27곳에 맥주를 공급할 것이다.

잡지사: 우리는 구독자 수를 2만 2000명으로 늘리고, 광고주를 40퍼센트 늘리고, 평균 광고 투자액을 2만 2000달러로 늘릴 것이다.

컨설팅 회사: 우리는 신규 고객사 30곳을 유치하고, 재이용권 5개를 판매하며, 고객 설문 결과 만족도 98퍼센트를 달성할 것이다.

‖ 팀과 상의하여 미션 달성에 직접 기여할 수 있는 핵심 행동 세 가지를 정의해보라.

머릿속에 떠오른 세 가지 경제적 목표를 적어보라

미션 선언문을 그때그때 자유롭게 변경하라

대기업은 미션 선언문을 자주 바꾸기 어렵지만, 소기업은 1~2년에 한 번씩 바꿔도 괜찮다.

미션 선언문은 법적 문서가 아니라 직원들을 스토리에 끌어들이고 그 안에서 길을 잃지 않게 해주는 도구다. 경제적 목표가 모호하다면 팀과 상의해서 변경하자. 실제로 우리 회사도 세 가지 목표를 여러 번 바꾸며 성장해나갔다. 달성 기한이 18개월을 넘기는 경우가 없어서 18개월 주기로 변경했다.

미션 선언문은 언제 변경해야 할까? 간단하다. 첫째, 미션을 전부 또는 일부 달성했을 때. 둘째, 미션 선언문이 동기를 부여하지 않는다고 판단될 때다. 모두가 분발할 때까지 미션 선언문을 수정해야 한다.

다음으로 미션의 시급성을 높이는 법을 살펴보자.

미션 선언문 두 번째 요소: 달성 기한

스토리텔러들은 스토리를 흥미롭게 만들고자 시간제한을 넣는다. 한 남자가 첫사랑과 이루어지길 원한다는 내용만으로는 영 밋밋하다. 그런데 그 첫사랑이 일주일 후 남자의 망나니 형과 결혼을 앞두고 있다면? 스토리가 훨씬 흥미진진해진다.

실제로 미국의 인기 드라마 〈24〉는 하루 24시간을 기한으로 점점 줄어드는 시간의 압박을 모티브로 했다. 이 드라마는 자정이 되기 전에 주인공이 테러를 막으려고 고군분투하는 내용으로 엄청난 시청률을 기록했다.

시간제한은 목표를 달성하고자 할 때 몰입도를 끌어올릴 수 있는 놀라운 장치다.

‖ 세 가지 경제적 목표를 정했다면 목표 달성 기한을 추가하라.

우리는 _____, _____, _____을
_____**까지** 달성할 것이다.

세 가지 경제적 목표는 달성 기한이 같아야 한다. 그러면 세 가지 목표를 달성할 때마다 미션 선언문을 다시 써서 성장의 동력을 얻을 수 있다.

미션 선언문에 기한이 명시된 경우는 드물다. 바로 그래서 대부분의 미션 선언문이 비효율적인 것이다.

기한이 있어야 해당 미션의 시급성이 와닿는다. 12개월 안에 제품을 출시해야 한다면? 3년 이내 대출을 갚아야 한다면? 3개월 안에 신입 사원에게 인수인계를 마쳐야 한다면?

실제로 그 기한에 이르면 실패를 복기하거나 성공을 축하할 것이다. 그러고 나서 미션 선언문을 적절하게 다시 쓸 수 있다.

목표 달성 기간은 어느 정도가 적절할까?

경제적 목표와 달성 기한은 1~2년마다 변경해도 괜찮다. 사실 기한이 2년을 넘기면 긴장감을 잃게 된다.

인간은 미래의 삶을 타인의 삶처럼 바라보는 경향이 있다. 미래를 고려하기는 하지만 2년 뒤는 좀처럼 와닿지 않는다. 달성 기한을 1~2년으로 잡으면 현재의 연장선으로 느껴져 긴장감을 유지할 수 있다.

> 양조장: 우리는 **회계 연도 말까지** 레스토랑 75곳, 프랜차이즈 마트 4곳, 주점 27곳에 맥주를 공급할 것이다.

> 잡지사: 우리는 **2년 안에** 구독자 수를 2만 2000명으로 늘리고, 광고주를 40퍼센트 늘리고, 평균 광고 투자액을 2만 2000달러로 늘릴 것이다.

> 컨설팅 회사: 우리는 **연말까지** 신규 고객사 30곳을 유치하고, 재구매 이용권 5개를 판매하며, 고객 설문 결과 만족도 98퍼센트를 달성할 것이다.

미션 선언문에 세 가지 경제적 목표와 달성 기한을 포함했다면 마지막으로 이러한 목표를 달성하는 것이 중요한 이유를 명시해야 한다. '왜?'라는 질문에 답해 미션 선언문의 완성도를 높이자.

미션 선언문 세 번째 요소: 미션이 중요한 이유

'연말까지 최소 300가구의 잔디를 깎을 것이다'라고 구체적인 목표와 기한을 정했다면, 이유를 덧붙여 미션 선언문을 멋지게 마무리하

자. '누구나 깔끔한 잔디밭이 맞이하는 집으로 돌아올 자격이 있기 때문이다.'

'때문이다'라는 구절이 직원들에게 미션을 추진해야 할 이유와 비즈니스의 핵심 가치를 상기시킨다. 사실 이 구절이야말로 실제 미션이다. 단순히 목표만으로 비즈니스의 성장에 동기를 부여하기 어렵다. 미션은 목표보다 훨씬 더 중요하다. 고객의 삶을 개선하고자 할 때 진정한 미션이 생긴다.

목표를 미션으로 전환할 수 있는 요소는 두 가지다.

1. 더 나은 세상의 모습: 미션을 달성하면 구체적으로 세상이 어떻게 더 나아질까? 사람들이 무엇을 보고 느끼게 될까?
2. 부당함 바로잡기: 미션을 달성하면 사람들이 어떤 고통을 더는 겪지 않아도 될까? 어떤 피해를 복구할 수 있을까?

좋은 이유를 포함하면 미션이 중요해지며, 팀원들은 그 명분으로 동력을 얻을 것이다.

양조장: 우리는 회계 연도 말까지 레스토랑 75곳, 프랜차이즈 마트 4곳, 주점 27곳에 맥주를 공급할 것이다. **모든 사람이 새로운 맥주 맛을 즐길 수 있어야 하기 때문이다.**

잡지사: 우리는 2년 안에 구독자 수를 2만 2000명으로 늘리고, 광고주를 40퍼센트 늘리고, 평균 광고 투자액을 2만 2000달러로 늘릴 것이다. 좋

은 저널리즘이 나라를 구하기 때문이다.

컨설팅 회사: 우리는 연말까지 신규 고객사 30곳을 유치하고, 재이용권 5개를 판매하며, 고객 설문 결과 만족도 98퍼센트를 달성할 것이다. **모든 사람이 비즈니스 성장에 필요한 도움을 받을 수 있어야 하기 때문이다.**

당신의 명분은 무엇인가? 목표에 좋은 이유를 덧붙이면 모두가 목표를 달성하려고 분발할 것이다.

미션 선언문의 삼박자를 모두 갖춰라

다시 한번 강조하지만 미션 선언문에는 경제적 목표, 달성 기한, 미션이 중요한 이유를 명시해야 한다. 그래야 비즈니스가 어떤 비전을 향해 나아가는지, 팀원들이 자신의 업무가 왜 중요한지 알 수 있다.

시간을 들여 자유롭게 작성하고 수정하라. 미션 선언문이 서사 견인을 갖출 때까지 팀과 상의해서 목표, 기한, 이유를 조정하라.

실속 없고 의미 없는 말은 빼라. 미션 선언문의 목적은 모두를 흥미진진한 스토리 안으로 끌어들이는 것이다. 모든 스토리텔러처럼 당신도 미션 선언문을 더욱 흥미롭게 만들고자 노력해야 한다. 미션 선언문을 완성했다면 모두가 이를 머릿속에 새겨야 한다.

완성한 미션 선언문을 어떻게 활용할까?

많은 리더가 미션 선언문을 완성하고 나서 회사 웹사이트나 브로슈어 한구석에 처박아두는 실수를 저지른다.

미션 선언문이 잊히면 미션도 잊힌다.

미션 선언문을 완성했다면 어떻게 실천할지 팀원들과 수시로 이야기해야 한다. 핵심은 반복이다.

다음은 미션을 머릿속에 새기는 데 도움이 되는 네 가지 방법이다.

1. 미션 선언문을 읽는 것으로 전체 회의를 시작한다.
2. 월별 또는 분기별로 미션을 진척시킨 팀원을 칭찬하고 자세한 내용을 공지한다.
3. 입사 지원자들에게 미션 선언문을 전달하고 해당 미션이 중요한 이유를 적어달라고 한다.
4. 미션 선언문을 사무실 벽에 게시하고 미션이 변경될 때마다 기념 이벤트를 연다.

미션 선언문을 완성했다면 비즈니스의 근간이 될 경영 방침 수립하기의 3분의 1을 마친 것이다.

미션이 있는 비즈니스 2부:
인재상

다음으로, 미션을 달성하기 위해 어떤 인재를 채용해야 하는지 알아보겠다. 인재상을 정의해보자.

우리는 주인공이 원하는 바를 얻기 위해 난관을 극복하는 스토리를 사랑한다. 특히 우리가 열광하는 대목은 주인공이 원하는 바를 얻는 순간이 아니라 원하는 바를 얻기 위해 더 나은 모습으로 변해가는 과정이다.

우리는 누군가의 변신을 볼 때 쾌감을 느낀다. 고도 비만에서 근육질 몸매로 거듭난 사람이나 고아에서 한 나라의 대통령이 된 사람을 다룬 다큐멘터리를 볼 때 우리도 변화할 수 있다는 용기와 희망을 얻는다.

사람은 끊임없이 변한다. 우리는 살면서 배우고 성장한다.

그렇다면 언제, 어떻게, 왜 변할까?

인간은 원하는 바를 얻고자 노력할 때 변한다. 배우자와의 관계를 개선하고자 상담을 받든, 높은 산을 오르고자 체력을 단련하든, 우리는 현재의 능력을 넘어선 일에 몰입할 때 변한다.

사실, 당신은 미션 선언문을 작성하면서 모두를 스토리 안으로 끌어들였을 뿐 아니라 그 미션을 완수할 수 있는 사람으로 변하도록 떠밀었다.

뛰어난 인재들은 자신이 최대한 성장할 수 있는 기업에서 일하길 원한다. 미션 선언문이 그런 가능성을 담고 있다면 인재들은 당신

BUSINESS ON A MISSION
GUIDING PRINCIPLE WORKSHEET

_____회사명_____ **비즈니스 미션**

MISSION STATEMENT

미션 선언문

KEY CHARACTERISTICS

인재상 ❶	인재상 ❷	인재상 ❸

CRITICAL ACTIONS

핵심 행동 ❶	핵심 행동 ❷	핵심 행동 ❸

의 비즈니스에서 기회를 발견할 것이다.

조직의 구성원들은 미션을 달성하기 위해 특정 자질을 지녀야 한다. 이런 자질을 기업에서는 '인재상'이라고 한다.

'핵심 덕목core values'과 혼동할 수도 있지만, 나는 인재상이 더 나은 개념이라고 본다. '정직' 같은 덕목은 평가하기 어렵다. 게다가 '정직'은 인간으로서의 덕목이다. 인재상은 그보다 구체적으로 특정 조직에 필요한 역량이나 성격을 가리킨다.

반려동물용품점 사장이라면 당연히 동물을 좋아하는 인재를 원할 것이다. 그러니 원하는 인재상을 구체화하면 사람을 뽑을 때 어떤 자질을 찾아야 하는지 더 잘 알 수 있다.

만약 반려동물용품점 지원자에게 동물을 좋아하냐고 물으면 물론 그렇다고 대답할 것이다. 하지만 동물을 얼마나 좋아하는지 보여줄 수 있는 경력이나 경험을 묻는다면 적합한 인재인지 판단하기 더 쉬울 것이다.

다음은 인재상을 정의할 때 고려할 세 가지 질문이다.

1. 고객의 문제를 해결할 제품을 개발 또는 판매하기 위해 어떤 자질이 필요한가?
2. 도전 과제가 버거워 보여도 포기하지 않기 위해 어떤 자질이 필요한가?
3. 서로 격려하는 건전한 조직 문화를 조성하기 위해 어떤 자질이 필요한가?

미션을 달성하기 위해 갖춰야 할 인재상을 정의하면 어떤 사람을 채용해야 하는지 결정할 수 있다.

인재상을 몇 가지나 정의해야 할까?

한 조직의 구성원들은 미션을 달성하기 위해 여러 자질을 갖춰야 할 것이다. 사실 부서마다 다른 자질을 갖춰야 할 수도 있다.

하지만 경영 방침이 간결해지도록 세 가지만 정의하기를 권한다. 이 세 가지 인재상은 채용을 판가름할 만큼 구체적이면서 전 직원에게 적용될 만큼 보편적이어야 한다.

다음은 어느 레스토랑이 내건 인재상 세 가지의 좋은 예다.

1. 손님에게 좋은 서비스를 제공하는 것을 즐긴다.
2. 맛에 고집이 있다.
3. 압박감 속에서도 침착함을 유지한다.

그저 '고객 만족을 우선한다'라고 하지 않고 '좋은 서비스를 제공하는 것을 즐긴다'라고 명시했기에 직원들은 어떤 태도로 손님들을 대해야 하는지 알 수 있다.

마찬가지로 맛에 고집이 있다면, 직원들은 재료가 신선한지, 음식이 제때 서빙되는지, 접시에 담긴 음식이 맛깔스러워 보이는지 꼼꼼히 확인할 것이다. 왜? 맛에 고집이 있다면 좋은 맛을 유지하려고 끊임없이 노력하기 때문이다.

　마지막으로 압박감 속에서도 침착함을 유지하는 자질은 매우 중요하다. 상황이 급박하게 돌아갈 때마다 직원들은 당황하지 않고 서로 침착하자고 다독일 것이다. 이는 훌륭한 조직 문화로 발전한다. 압박감 속에서 침착함을 유지하는 능력을 키운 직원들은 더 효율적으로 주방을 정리하고, 주문을 처리하고, 아무리 바빠도 손님들에게 관심을 기울일 수 있다.

　무엇보다 중요한 점은 이 세 가지 자질이 경제적 목표를 달성하는 데 이바지한다는 것이다. 생각해보라. 어느 레스토랑에 갔는데 음식이 맛있고 직원들이 유쾌하며 손님 한 명 한 명을 세심하게 신경 쓴다면 다시 방문하고 싶지 않겠는가? 그 레스토랑은 분명 성장할 것이다. 미션을 달성하기 위해 직원들이 구체적인 인재상에 따라 적극적으로 변화했기 때문이다.

　다음은 다양한 비즈니스가 정의할 수 있는 인재상의 예다.

네트워크 마케팅 판매자

1. 사람들과 소통하는 것을 좋아한다.

2. 판매 제품이 사람들의 삶을 바꿀 수 있다고 믿는다.

3. 회복 탄력성이 좋다.

금융 상담원

1. 항상 고객을 최우선으로 생각한다.

2. 복잡한 투자 상품을 명확하게 설명할 수 있다.

3. 고객들의 자산을 불려주는 일을 즐긴다.

컨설턴트

1. 지식을 실용적인 공식으로 전환하는 능력이 탁월하다.

2. 사람들과 교류하는 것을 즐긴다.

3. 고객의 문제를 해결하는 일에 열중한다.

‖ 이제 당신만의 인재상을 정의해보자. 전 직원이 미션을 달성하기 위해 갖춰야 할 세 가지 자질은 무엇인가?

인재상

_____

_____

_____

미션이 있는 비즈니스 3부:
핵심 행동

이제 세 가지 경제적 목표와 세 가지 인재상을 정의했으니, 미션을 달성하기 위한 구체적 행동을 살펴보자.

경영 방침 작성은 소규모 사업자로서 가장 고무적인 작업이 될 수 있다. 미래를 구체적으로 상상할수록 좋지만, 상상에 그쳐서는 안

BUSINESS ON A MISSION
GUIDING PRINCIPLE WORKSHEET

_____회사명_____ **비즈니스 미션**

MISSION STATEMENT

미션 선언문

KEY CHARACTERISTICS

인재상 ❶	인재상 ❷	인재상 ❸

CRITICAL ACTIONS

핵심 행동 ❶	핵심 행동 ❷	핵심 행동 ❸

된다. 미션을 달성하려면 행동에 나서야 한다.

기업의 경영 방침에 핵심 행동을 명시하는 경우는 드물지만, 나는 핵심 행동이 인재상만큼 중요하거나 그보다 더 중요하다고 생각한다. 미션을 행동으로 옮기지 않으면 결코 영향력을 발휘할 수 없다.

전 직원이 매일 실천할 수 있는 세 가지 행동을 정의하면 비즈니스가 세 가지 경제적 목표를 향해 저절로 나아갈 것이다.

직원이 1명이든 20명이든 400명이든 마찬가지다. 매일 실천했을 때 저절로 미션을 달성할 수 있는 세 가지 일을 정의하면 된다.

미션을 달성하려면 핵심 행동이 습관이 되어야 한다. 모든 직원이 수익을 늘리는 세 가지 습관을 기른다면 비즈니스는 성공으로 직행할 것이다.

어떤 행동이 핵심 행동이 되어야 할까?

핵심 행동 세 가지에는 공통점이 있어야 한다.

1. 거의 모든 직원이 실천할 수 있어야 하고
2. 미션 달성에 직접적인 영향을 미쳐야 한다.

레스토랑의 예로 돌아가보자. 직원들이 손님에게 '특제 디저트'를 맛본 적 있는지 묻는 습관을 들인다면 디저트 판매량은 눈에 띄게

1단계 리더십

늘어날 것이다. 또 웨이팅 손님들에게 달콤한 차를 제공한다면 더 높은 평가를 받을 것이다. 이런 행동들은 레스토랑의 매출과 손님의 외식 경험에 큰 영향을 미친다.

반드시 '모든' 직원이 '모든' 핵심 행동을 해야 하는 것은 아니다. 주로 주방에 있는 셰프는 웨이팅 손님에게 차를 나눠주기 어렵다. 하지만 한 번씩 홀을 돌며 손님들에게 특제 디저트를 추천하고 손님들의 질문에 답할 수 있다.

핵심 행동으로 멋진 조직 문화 만들기

미국 패스트푸드 프랜차이즈 칙필레Chick-fil-A의 직원들은 손님에게 감사 인사를 받으면 '제가 더 기뻐요my pleasure'라고 답한다. 이런 핵심 행동은 고객을 소중히 대하는 마음과 태도를 보여준다. 따라서 고객에게 기분 좋은 서비스를 제공하는 문화가 자연스레 조성된다.

많은 사람이 같은 행동을 하면 유대감과 결속감이 생긴다. 스포츠 경기를 관람할 때 관중석이 하나가 되는 원리와 비슷하다. 경기 중 특정 음악에 맞춰 응원을 하고, 심판의 판정이 마음에 안 들면 다함께 야유를 보내는 행동은 집단에 결속되어 있다는 느낌을 준다.

또한, 핵심 행동은 긍정적인 메시지를 만든다. 부동산 중개 사무소에서 주택을 구매한 고객에게 감사 카드를 보내는 핵심 행동은 고객을 중시하고 새로운 출발을 축하한다는 메시지를 전달한다. 이 행동은 간단하면서도 효율이 높다. 직원들에게는 또 한 거래가 성사되

었음을 알리며 새집 마련으로 고객의 삶이 변하리란 사실을 상기시
킨다. 메시지를 받은 고객이 지인들에게 해당 사무소를 추천할 수도
있다.

적절한 핵심 행동 세 가지를 찾을 때까지 시도하라

핵심 행동을 지나치게 고민할 필요는 없다. 정답을 찾으려고 애쓰면
오히려 실망할 것이다. 사실 비즈니스를 성장시킬 핵심 행동은 수없
이 많다. 그중에서 효과 좋은 세 가지만 선택해 습관화하면 된다.

'매일 오전 스탠드업 미팅으로 그날의 목표를 공유한다' 또는 '매
일 고객 목록을 검토하고 고객이 방문하기 전에 특별한 요구 사항이
있는지 파악한다'처럼 간단한 것이어도 좋다. 사실 이 두 가지 핵심
행동은 놀라운 효과를 부른다. 그날의 목표를 파악하면 목표를 달성
할 가능성이 커지고, 고객의 요구 사항을 미리 파악하면 감동한 고객
이 재방문하거나 입소문을 낼 수 있다.

시간이 조금 걸리겠지만 세 가지 핵심 행동을 습관화하면 좋은
조직 문화가 형성될 것이다.

베이커리

1. 모든 방문 고객에게 맛보기 빵을 제공한다.

2. 보관실에 있는 모든 식재료의 유통기한을 점검한다.

3. 한 시간마다 매장 안을 청소한다.

제조 회사

1. 항상 안전모와 장갑을 착용한다.

2. 작업 공간을 청결하게 유지한다.

3. 근무 교대 전에 진행 상황을 검토하고 목표를 적는다.

개인 사업자를 위한 온라인 강의 플랫폼

1. 신규 가입 고객에게 전화를 걸어 감사 인사를 전한다.

2. 인사이트를 제공하는 SNS 게시물을 매일 하나씩 올린다.

3. 매일 아침 일과표를 작성하고 그날 어떤 콘텐츠를 만들지 정한다.

팀과 상의하여 미션 달성에 직접 기여할 수 있는 핵심 행동 세 가지를 정의해보라.

핵심 행동

_____

_____

_____

다음은 완성된 경영 방침 워크시트의 세 가지 예시다.

BUSINESS ON A MISSION
GUIDING PRINCIPLE WORKSHEET

__OO 웨딩 베이커리__ 비즈니스 미션

MISSION STATEMENT

미션 선언문

우리는 연말까지 웨딩 케이크를 250개 판매하고, 매달 한 가지 새로운 맛을 홍보하며, 신규 잠재 고객을 2500명 확보할 것이다. 누구나 결혼식에서 멋진 웨딩 케이크를 자랑할 자격이 있기 때문이다.

KEY CHARACTERISTICS

인재상 ❶	인재상 ❷	인재상 ❸
창의적이다	제과 제빵에 열정이 있다	맡은 자리를 깨끗하게 유지한다

CRITICAL ACTIONS

핵심 행동 ❶	핵심 행동 ❷	핵심 행동 ❸
방문 손님을 미소와 맛보기 빵으로 맞이하기	한 달에 한 번씩 새로운 데코레이팅 기술 배우기	까다로운 요구를 받으면 우선 "감사합니다. 방법을 찾아보겠습니다" 라고 대답하기

_____OO 컴퓨터 보안_____ **비즈니스 미션**

MISSION STATEMENT

미션 선언문

우리는 연말까지 100건의 신규 보안 감사를 시행하고, 신규 고객사 50곳을 위한 보안 프로그램을 만들고, 월간 구독자 250명을 유지할 것이다. 누구나 부담 없이 사이버 공격으로부터 비즈니스를 보호할 수 있어야 하기 때문이다.

KEY CHARACTERISTICS

인재상 ❶	인재상 ❷	인재상 ❸
해커처럼 생각한다	정의감이 투철하다	승리욕이 강하다

CRITICAL ACTIONS

핵심 행동 ❶	핵심 행동 ❷	핵심 행동 ❸
제시간에 업무 제출하기	담당 직무를 넘어 주체적으로 일하기	매일 부서 회의록 작성하기

_____OO 비영리 건설_____ 비즈니스 미션

MISSION STATEMENT

미션 선언문

우리는 연말까지 주택 50채의 건설 후원자를 모집하고 입주 자격을 갖춘 50가정을
발굴하며 일류 제휴업체와 계약을 체결할 것이다. 모든 가정은 안전하게 한 지붕 아래에서
함께 살아야 하기 때문이다.

KEY CHARACTERISTICS

인재상 ❶	인재상 ❷	인재상 ❸
도움이 필요한 가정에 관심이 많다	건축 및 인테리어에 탁월한 안목이 있다	시간 개념과 준비성이 철저하다

CRITICAL ACTIONS

핵심 행동 ❶	핵심 행동 ❷	핵심 행동 ❸
만나는 모든 사람에게 우리의 미션을 알리기	가정들의 사연을 기억하고 공유하기	잠재적 기부자에게 미션에 동참해 달라고 먼저 요청하기

완성된 경영 방침으로 해야 할 일

미션 선언문, 인재상, 핵심 행동을 모두 정의했다면 예시처럼 당신의 경영 방침 워크시트를 작성해보자.

　다음은 경영 방침을 활용해 미션을 완수할 가능성을 높이는 몇 가지 방법이다.

- 매주 전체 회의에서 경영 방침을 검토한다.
- 핵심 행동을 실천한 팀원을 공개적으로 칭찬한다.
- 사무실 벽에 경영 방침을 붙여놓는다.
- 2년에 한 번씩 경영진 회의에서 방침을 검토하고 수정한다.
- 변경이 생기면 기념 이벤트를 열어 대대적으로 발표한다.
- 신입 사원이 경영 방침을 이해할 수 있도록 설명한다.
- 채용 자료에 경영 방침을 포함한다.

　축하한다. 이제 당신은 미션이 있는 경영 방침을 완성했으므로 소규모 비즈니스를 구축할 토대를 갖췄다. 당신과 경영진은 든든한 안내자가 되어 직원들이 미션을 달성해 성과를 거둘 수 있도록 이끌 것이다.

마케팅
Marketing

스토리가 있는 메시지
설계하기

2단계에서 해결할 수 있는 문제들

- 제품을 어떻게 설명해야 팔릴지 잘 모르겠다.
- 웹사이트와 마케팅 콘텐츠가 판매로 이어지지 않는다.
- 고객이 브랜드에 관한 소문을 내지 않는다.
- SNS 피드에 통일성이 없다.
- 충성도 높은 고객층을 만들지 못한다.
- 제품에 관해 이야기하면 사람들이 혼란스러워한다.

고객을 스토리로 끌어들여라

내 책『무기가 되는 스토리』를 읽었다면 이 챕터는 복습이 될 것이다. 그렇다고 2단계를 건너뛰지는 마라. 마케팅 엔진을 점검하고 개선할 때 비행기의 추진력이 높아진다.

거의 모든 창업자가 사업을 시작하며 가장 먼저 하는 일은 디자이너를 고용해 브랜드의 시그니처 로고와 컬러를 만드는 것이다. 그

러고 나서 로고가 박힌 모자나 머그잔, 에코백 따위를 제작해 지인들에게 나눠주기도 한다. 하지만 그런 판촉물을 뿌린다고 매출이 증가하지는 않는다. 제대로 된 마케팅 없이 브랜드를 알리려는 것은 아직 완성도 안 된 비행기에 항공사 로고부터 새기는 것이나 다름없다.

멋진 로고와 판촉물이 매출에 얼마나 도움이 될까? 대개 아무런 도움도 안 된다. 로고 박힌 머그잔으로 이득을 보는 사람은 로고 디자이너와 머그잔 제작 회사뿐이다.

물론 브랜드의 로고를 만들고 스타일 가이드를 확립하는 것도 중요하지만, 그보다 우선해야 할 것이 있다. 잠재 고객이 겪는 문제를 우리 제품이나 서비스가 해결해줄 수 있다는 점을 알리고 구매를 유도하는 것이다. 일단 비행기를 앞으로 나아가게 하자.

비즈니스라는 비행기의 오른쪽 엔진은 마케팅이고 왼쪽 엔진은 영업이다. 엔진의 역할은 추진력을 일으키는 것이므로 좌우 엔진이 어떻게 비행기를 더 멀리, 더 빠르게 날게 하는지 알아보겠다.

메시지를 명확히 하면 고객은 귀를 기울인다

마케팅의 목표는 우리 제품을 구매해야 하는 이유를 누구나 이해할 수 있도록 간결하게 설명하는 것이다.

마케팅은 사람들을 꼬드겨 제품을 구매하게 하는 것이 아니라 제품을 명확하게 설명하는 것이다. 과대광고로 제품을 팔면 한 번밖에 못 팔지만, 제품을 명확하게 설명하면 신뢰감과 재구매율을 높인다.

흔히 마케팅이라고 하면 웹사이트, 광고, 전단, 무료 콘텐츠 등을 떠올린다. 물론 마케팅의 중요한 요소들이지만 사실 마케팅의 핵심은 그런 매체에서 사용하는 '말'에 있다.

안타깝게도 많은 비즈니스가 말보다 외관에 신경 쓴다. 그런 식으로는 성공할 수 없다. 왜? 고객이 제품을 주문하는 이유는 브랜드 디자인이 끌려서가 아니라 사고 싶게 만드는 말을 보거나 들었기 때문이다.

마케팅 엔진을 가동하려면 간결한 구절을 만들어 반복적으로 사용해야 한다. 더 강렬하고 더 자주 언급할수록 비행기는 더 빨리, 더 높이 날 것이다.

이때 필요한 것이 브랜드 각본이다. 브랜드 각본은 고객이 제품을 구매하여 문제를 해결하는 일곱 가지 단계로 이뤄진 스토리 대본이다.

지금부터 소개할 공식을 따라 브랜드 각본을 완성하면 다양한 마케팅 매체에 사용할 강력한 말을 갖추게 될 것이다.

비즈니스는 말이 전부다

비즈니스를 구축할 때 우리는 시간과 돈을 얼마나 투자할지, 어떤 인력을 고용하고 어떤 제품을 내놓을지부터 생각한다.

이때 우리가 간과하는 부분은 제품을 어떤 말로 설명하느냐다. 사람들의 구매욕을 자극하는 말을 활용해야 비즈니스가 성장한다.

제품을 어떻게 설명할지 모른다면 비즈니스는 실패할 것이다.

제품을 설명하는 말이 관건이다. 웹사이트 방문객들은 마케팅 문구를 보고 혹할 수도, 고개를 갸웃할 수도 있다. 그 문구가 구매를 유도할 때만 판매가 이뤄진다. 제품을 집어 들거나 이메일이나 SNS 피드를 확인할 때도 마찬가지다. 사람들은 마케팅 문구를 읽고서 그 제품으로 문제를 해결하는 스토리에 빠져들거나, 아니면 흥미를 잃고 돌아선다.

한마디로, 당신의 브랜드는 말로 구축된다.

그렇다면 사람들을 제품에 끌리게 하고 사람들에게 구매를 유도하려면 어떻게 말해야 할까?

매력적인 마케팅 문구의 핵심은 두 가지다.

1. 사람들은 생존에 도움이 되는 정보에만 매력을 느낀다.
2. 사람들은 대부분 간단하게 전달되는 말에만 귀를 기울인다.

사람들의 본능을 자극하라

브랜드가 제품을 설명할 때 종종 저지르는 실수는 사람들의 생존과 번창에 도움이 되는 측면을 강조하지 않는 것이다.

인간은 생존 본능의 지배를 받는다. 우리 두뇌는 생존과 번창에 도움이 되는 정보, 도구, 인맥을 평생 물색하며 나머지는 대부분 무시한다.

제품을 더 많이 팔고 싶다면 인간의 본능을 자극해야 한다. 사람들은 제품을 누가 어떻게 만들었는지에는 관심이 없다. 그저 그 제품이 자신의 문제를 해결해주느냐에만 관심을 둔다. 제품이 생존과 번창에 도움이 된다고 설명하면 누구나 귀를 기울인다.

너무 많이 생각하게 하지 마라

쉽고 간결한 언어를 사용하라. 복잡하게 전달하면 외면당한다. 우리는 생존에 도움이 될 사물과 사람을 찾아 끊임없이 탐색한다. 하지만 정보의 홍수 속에 살다 보니 생존 본능을 자극하지 않는 정보까지 살필 여력이 없다.

여기서 말하는 생존이란 돈을 벌고, 돈을 모으고, 더 많은 사람과 소통하고, 가족과 추억을 쌓고, 자기 자신을 돌보고, 자기 자신을 지키고, 사랑을 찾고, 몰입하고, 휴식을 취하고, 먹고, 재충전하는 것 등등을 의미한다.

우리 뇌는 생존과 번창에 도움이 되는 정보만 처리하고 나머지는 걸러낸다. 따라서 대부분의 마케팅 메시지는 철저히 무시되기 마련이다. 뇌가 불필요한 정보를 걸러내지 못하면 우리는 삶을 전혀 통제할 수 없을 것이다. 가령 카페에 들어서다가 삐걱거리는 문을 보고 우뚝 멈춰 어떻게 고쳐야 할지 한참 따질 것이다. 왜? 생존에 불필요한 정보를 걸러주는 뇌의 필터가 사라졌기 때문이다.

따라서 더 많은 제품을 판매하려면 우리 제품이 생존에 도움이 된다고 생각하도록 고객에게 이해하기 쉽고 간단한 메시지를 전달해야 한다.

회사의 창립 신화, 남다른 근무 환경, 새로 짓는 사옥 등 고객의 생존과 하등 상관없는 이야기는 하지 말자.

고객들이 지닌 타고난 필터가 생존과 번창에 불필요한 정보를 싹 거를 것이다.

스토리를 활용해 간결한 구절 만들기

인간 두뇌의 필터를 뚫을 수 있는 간결한 구절을 만들기 위해 스토리의 놀라운 힘을 활용하자. 스토리만큼 마케팅 엔진을 빠르게 가동하는 도구는 없다. 마케팅의 가장 큰 과제는 우리 제품을 사야 할 이유를 전부 전달할 때까지 고객의 주의를 붙들어 놓는 것이다.

인간의 뇌는 보통 하루의 30퍼센트를 공상에 소비한다. 우리는 교통 체증 속에 갇혀있을 때, 심지어 책을 읽을 때도 딴생각에 빠지곤 한다.

공상은 생존 메커니즘이다. 공상할 때 우리 뇌는 이런 상태에 빠진다. '눈앞에 내가 생존하거나 번창하는 데 도움이 될 만한 것이 없으니 나중을 위해 정신 에너지를 비축해야겠다.'

그런 공상을 멈추게 할 수 있는 것 중 하나가 바로 스토리다. 영화를 보거나 소설을 읽을 때 우리는 시간 가는 줄 모르고 몰입하곤 한다. 넷플릭스에서 시리즈물을 보다가 하루가 훌쩍 가버린 경험이 있을 것이다. 이야기가 너무 흥미진진해서 눈을 뗄 수 없는 것이다.

스토리가 사람의 주의를 붙드는 힘이 있다면, 그 힘을 마케팅에서 어떻게 활용할 수 있을까?

다행히 스토리에는 불변의 공식이 있다. 예로부터 지금까지 모든 스토리텔러는 이 공식을 사용해 청중의 관심을 사로잡았다. 고대 그리스에서 사용되던 공식이 현대 VR 게임에서도 사용된다.

스토리브랜드 공식을 따라 일곱 가지 구절로 이뤄진 브랜드 각본을 만들어 마케팅 매체에 반복하면 주문량을 늘리고 수익을 높일 수 있다. 스토리브랜드 공식은 전통적인 스토리텔링 공식의 축소판이다. 역사가 증명하듯이 당신에게도 효과가 있을 것이다.

미션이 있는 비즈니스 경영 방침으로 직원들을 스토리로 초대했다면 2단계에서는 스토리브랜드 공식을 따라 고객을 스토리 안으로 초대할 차례다. 이 공식을 이용하면 판매 제품이 고객의 생존과 번창에 도움이 되는 이유를 명확하게 설명할 수 있다.

스토리브랜드 7단계 공식

《포천》 선정 500대 기업부터 1인 기업까지, 무려 70만 명이 넘는 비즈니스 리더가 우리의 스토리브랜드 공식을 사용해 마케팅 엔진의 추진력을 높였다. 이 공식이 브랜드 가치와 마케팅 메시지를 대중에게 명확하게 전달할 수 있는 놀라운 힘을 지녔기 때문이다.

이 공식은 좋은 스토리의 일곱 가지 단계를 마케팅에 적용하는 방법이다. 웹사이트, 웹페이지, 무료 콘텐츠, 영업 이메일, 프레젠테이션에 고객을 스토리로 초대하는 일곱 가지 구절을 넣어 마케팅 메시지를 명확하게 전달할 수 있다.

이제껏 제품과 서비스를 어떻게 설명해야 사람들의 구매욕을 자극할지 잘 몰랐다면 이제부터 바뀔 것이다.

스토리브랜드 7단계 공식은 다음과 같다.

스토리브랜드 공식 첫 번째 단계: 무언가를 원하는 주인공

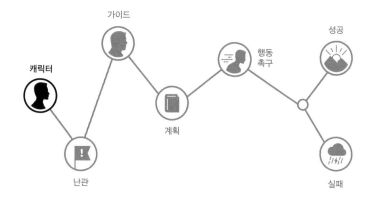

스토리는 주인공이 무언가를 원하면서 전개된다. 특수 요원이 폭탄 해체를 원한다. 운동선수가 경기에서 우승하기를 원한다. 한 남자가 첫사랑 상대와 이루어지는 것을 원한다.

청자는 그 지점에서 스토리에 몰입하기 시작한다. 과연 주인공이 원하는 것을 얻게 될지 알고 싶기 때문이다.

잠재 고객의 관심을 끌려면 우선 고객이 원하는 바를 파악해야한다. 우리 고객은 반려동물이 오래오래 행복하게 살기 원하는가? 우리 고객은 단 한 번의 충전으로 멀리 갈 수 있는 전기차를 원하는가? 우리 고객은 자녀를 교육 환경이 더 좋은 학교에 보내기를 원하는가?

고객이 생존과 번창을 위해 필요하다고 느끼는 점을 콕 집어 언급하면 고객은 귀를 기울인다.

여기서 핵심은 구체적이어야 한다는 것이다. 부부 상담 전문가라면 '우리 고객은 가정에서 행복하기를 원한다'라고 할 수 있지만, 너무 모호하다. 맥락이 없으면 가구 업체나 보안 업체에서도 할 수 있는 말이다. 그 대신 '우리 고객은 배우자와의 애정을 회복하기를 원한다'처럼 구체적이어야 한다.

구체적일수록 고객의 마음속에 스토리의 문이 열릴 가능성이 커진다.

‖ 당신의 고객은 무엇을 원하는가?

고객이 원하는 바를 구체적으로 파악했다면 마케팅 매체에 활용할 첫 번째 구절을 얻은 것이다.

그 구절이 판매로 이어지는 이유는 고객의 마음속에 스토리의 문이 열렸기 때문이다. 고객이 스토리의 문을 닫으려면 해당 제품이나 서비스를 구매해야 한다.

하지만 제품을 원한다고 꼭 제품을 구매한다는 보장은 없다. 사실 제품을 원해도 구매하지 않는 경우가 더 많다. 구매를 망설이다 포기하거나 다른 데 주의를 뺏긴다. 잠재 고객에게 제품이나 서비스가 꼭 필요하다고 설득하려면 스토리의 문을 더 넓게 열어야 한다.

스토리브랜드 공식 두 번째 단계: 난관을 극복해야 한다

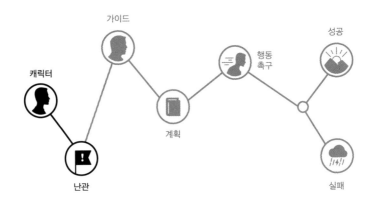

주인공이 원하는 바를 곧장 얻는다면 스토리는 몇 페이지 만에 끝날 것이다. 한 남자가 한 여자와 결혼하고 싶어서 청혼했는데 여자가 순순히 승낙해서 행복하게 살았다고 하면 그보다 지루한 러브스토리가 어딨겠는가?

주인공은 원하는 것을 얻기 위해 난관을 극복해야 한다. 안타깝

2단계 마케팅

게도 그 여자는 남자의 망나니 형과 사랑에 빠졌고, 남자는 형이 망나니라는 사실을 여자에게 차마 말할 수 없다. 어쩌면 좋을까? 그는 어떻게 이 문제를 해결하고 꿈에 그리던 여자와 맺어질 수 있을까? 그것이 바로 스토리의 골자다.

난관은 스토리를 흥미롭게 만든다. 이야기의 어느 시점에 주인공은 감정적 또는 신체적 위기를 맞닥뜨린다. 인간은 사는 동안 끊임없이 문제를 해결하도록 설계되었기에 우리는 주인공의 상황에 쉽게 이입한다. 그가 과연 원하는 바를 얻을지 알아내고자 한다. 마침내 주인공이 난관을 극복하는 모습을 보면서 우리도 용기와 희망을 얻는다.

고객의 구매욕을 자극하려면 해당 제품이 고객이 겪는 고충을 어떻게 해결하는지 이야기해야 한다. 그래야 마케팅 엔진에 힘이 실려서 비행기가 힘차게 나아간다.

사람들은 문제를 해결하기 위해서만 제품이나 서비스를 구매한다. 고객이 겪는 문제를 언급하면 고객이 해당 제품이나 서비스로 문제를 해결하는 스토리의 문을 더 넓게 열 수 있다.

‖ 고객이 우리 제품으로 어떤 문제를 극복할 수 있는가?

이제 마케팅 자료에 활용할 두 번째 구절이 완성되었다.

물론 모든 고객이 그렇게 쉽게 주머니를 열지는 않는다. 더 나아갈 방법이 준비되어 있다. 고객이 원하는 바를 정의했고 아직 제품을 구매하지 않아서 겪는 고충에 대해 명확하게 말할 수 있다면 이제 고객의 스토리에 들어가 우리가 제공하는 솔루션을 이해시킬 차례다.

스토리브랜드 공식 세 번째 단계: 가이드를 만난다

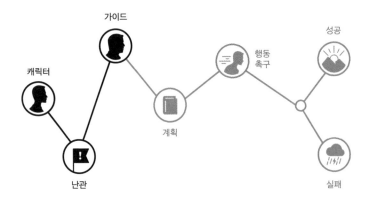

스토리의 주인공은 난관을 극복하기 위해 도움이 필요하다. 주인공은 보통 약하고 두려움과 자기 의심으로 가득 차 있다. 대단원에 이르러서야 비로소 승리할 수 있는 상태로 거듭난다.

그렇다면 누가 주인공의 승리를 도울까? 바로 가이드다.

스토리에는 종종 신비롭고 유능한 가이드가 등장해 주인공의 여정을 돕는다. 영화 〈베스트 키드〉에서 대니얼에게 가라테를 가르치는 미야기, 〈반지의 제왕〉에서 프로도를 안내하여 반지를 파괴하도록 돕는 간달프, 〈메리 포핀스〉에서 아이들과 부모들을 연결해주는 메리 포핀스가 그런 가이드다.

가이드가 없다면 주인공은 결코 난관을 극복할 수 없다.

스토리브랜드 공식을 꿰뚫는 핵심은 이거다. 절대 주인공이 되지 말고 가이드 역할에 충실하라.

수많은 업체가 업체 스스로를 주인공으로 포지셔닝하는 실수를 저지른다. 제품을 어떻게 개발했는지, 매출이 얼마나 좋은지, 얼마나 오래 업계를 지켰는지 이야기해봤자 고객은 업체의 배경에는 관심이 없다. 그 업체가 자신의 문제를 해결하는 데 도움을 주느냐에만 관심이 있다.

주인공에게 필요한 존재는 다른 주인공이 아니라 자신을 도울 가이드다. 따라서 당신은 가이드로 포지셔닝해야 한다.

먼저, 공감을 표현해야 한다.

가이드는 자신의 성공보다 주인공의 성공에 더 큰 관심을 기울인다. '우리는 X로 괴로워하는 고객의 마음을 잘 알고 있습니다' 같은 마케팅 문구는 잠재 고객이 겪는 고충에 공감하고 있음을 보여준다.

명심하라. 고객은 주인공으로서 두려움과 실의에 빠져 있고 도움이 절실한 상태이므로 그 고충을 이해해줄 사람을 찾고 있다. 마케팅 매체에 공감하는 문구를 넣으면 고객이 당신을 자신의 고충을 이해하는 가이드로 인식할 것이다.

다음으로, 권위를 보여줘야 한다.

즉, 주인공이 난관을 극복하고 승리하도록 도울 수 있다는 점을 보여줘야 한다. 공감을 표현하는 것만으로는 부족하다. 유능함을 어필해야 한다. 이미 같은 문제를 겪는 사람 수백 명을 도왔는가? 문제를 더 쉽게 극복할 기술을 개발했는가? 그 결실로 상을 받았는가? 고객에게 문제가 해결되리라는 확신을 줄 수 있는가?

'우리는 수천 명이 X를 극복하도록 도왔습니다' 또는 '우리의 혁신적인 기술은 수십 개 매체에 보도되었습니다'와 같은 문구로 신뢰도를 높일 수 있다.

마케팅 스토리 안에서 '주인공이 되지 말라'는 것은 자기 이야기를 아예 하지 말라는 뜻이 아니다. 가이드로서 고객의 문제에 얼마나 관심이 있는지, 그 문제를 해결하는 데 얼마나 자신이 있는지는 이야기해도 좋다.

공감과 권위를 보여줄 때 당신은 가이드로 인식된다. 고객은 문제를 해결하고자 당신에게 도움을 요청하게 될 것이다.

잠재 고객의 가이드로 포지셔닝하기 좋은 두 가지 구절을 적어보자.

‖ 공감을 표현하라:

_____

_____

‖ 권위를 보여줘라:

_____

_____

이 구절들을 마케팅 매체에 활용하면 더 많은 고객을 끌어들일 것이다.

가이드가 공감과 권위를 보여주면 고객은 구매를 원할 가능성이 커진다. 사실 여기까지만 해도 마케팅 엔진이 더 효율적으로 작동하고 수익이 증가할 것이다. 하지만 당신의 제품을 문제 해결 수단으로, 당신을 가이드로 인식하더라도 구매를 망설이는 고객이 있다.

그렇다면 어떻게 해야 더 많은 고객이 '구매하기' 버튼을 누를까? 바로, 고객에게 계획을 제시해야 한다.

스토리브랜드 공식 네 번째 단계: 계획을 제시한다

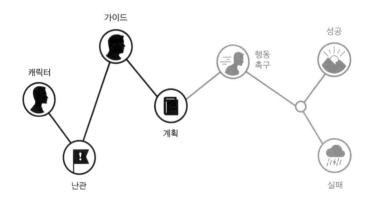

고객은 미지의 영역으로 걸어 들어가길 꺼린다. 고객이 원하는 바를 짚어내고 고객의 문제에 공감하며 문제 해결을 도울 수 있다는 자신

감을 보여줬는데, 여전히 구매를 망설이는 고객이 있다.

왜? 위험 부담을 감수할 시점에 놓였기 때문이다.

당신에게는 구매가 당연한 수순처럼 보일 것이다. 고객의 문제에 대한 해결책이 있고, 그 해결책이 수많은 사람에게 효과가 있다는 걸 증명했는데, 어째서 고객이 구매하지 않을까?

고객의 관점은 당신과 다르다. 고객의 눈에는 당신의 해결책이 마치 급류가 흐르는 강 건너편에 있는 것처럼 보인다. 저 멀리 폭포 소리도 들린다. 강을 건너다가 자칫 바위에 머리를 부딪혀 폭포로 떠내려갈지도 모른다고 생각한다.

물론 고객은 안심하고 제품을 구매해도 된다. 우리는 제품이 효과적이라는 걸 안다. 하지만 고객은 모른다. 우리는 당연히 안전하다고 생각하지만 고객에게는 모험이다.

고객에게 이 구매가 돈 낭비가 아니라고 안심시킬 방법이 있다. 강에 커다란 디딤돌을 서너 개 놓아주는 것이다. 안전히 건널 수 있다는 것을 알게 되면 강을 건널 가능성이 훨씬 커진다. 구매 버튼 앞에서 갈팡질팡하는 고객에게 3~4단계 계획을 제시하면 구매 가능성이 훨씬 커진다.

참고로 3~4단계 정도가 적당하며 그 이상이면 효과가 떨어진다. 계획은 고객에게 문제에서 해결까지의 여정이 쉽다는 걸 보여주기 위해 존재한다. 간단한 계획일수록 고객은 안심하고 구매를 위한 단계를 밟기 시작할 것이다.

예를 들어 주택 구매를 고민하는 고객에게 이렇게 말하는 것이다. '신중하게 접근하세요. 먼저 은행에 가서 필요한 금액을 대출할

수 있는지 확인한 다음 오퍼를 넣으세요. 매물이 적절한 가격으로 판단되면 구매하고 입주하면 됩니다.'

3단계 계획이 뭔지 파악했는가?

집을 사는 것처럼 큰 구매는 위험이 따르기 마련이다. 계획을 제시하면 고객은 안심하고 앞으로 나아갈 수 있다.

판매 제품이 꼭 크고 비싸야지만 계획이 필요한 것은 아니다. 신발 한 켤레를 판매할 때도 3단계 계획을 제시할 수 있다. 우선 신발을 주문하고 / 집에서 착용해본 뒤 / 맞지 않으면 반품하세요. 서비스를 제공할 때도 마찬가지다. 난방 설비 유지보수 서비스에 가입해서 / 정기 점검 및 필터 교체 서비스를 받고 / 다시는 냉난방 설비를 걱정하지 마세요.

고객을 안심시키는 또 다른 방법은 '안개 걷어내기'다.

고객은 손해를 볼까 봐 내심 걱정하고 있다. 뭔가를 구매한다는 것은 돈, 자존심, 세상에 대한 신뢰감을 잃을 수도 있다는 것을 의미한다. 마치 짙은 안개가 드리워져 한 치 앞도 잘 안 보이는 숲속으로 걸어 들어가는 것이다.

이때 '안개를 걷어내어' 전방의 지형을 더 많이 보여줘야 한다.

과정을 서너 단계로 쪼개면 고객은 더 멀리 볼 수 있다. 재무 설계사라면 고객에게 '저와 함께 미래를 위한 계획을 세웁시다'라고 말하는 대신 '저는 우선 고객님의 목적지를 평가하고, 계획을 세워 제시합니다. 고객님이 앞으로 나아가겠다고 결정하면 고객님을 도와 그 계획을 실행합니다'라고 말하는 것이다.

고객이 구매를 고민할 때 구매가 간단하고 안전하다고 설득하는 것이 바로 계획이다. 웹사이트, 웹페이지, 이메일, 프레젠테이션 등 마케팅 매체에 계획을 포함하면 더 많은 고객을 설득할 수 있다.

미국의 중고차 회사 카맥스는 새 차 구매, 기존 차 판매, 보증 연장에 이르기까지 3단계 계획을 제공한다. 이런 계획은 고객의 머릿속에 문제 해결을 위한 지도를 그려주고, 구매 시 어떤 미래가 펼쳐질지 예고한다.

‖ 고객이 우리 제품을 구매해 문제를 해결하려면 어떤 3~4단계를 밟아야 하는가?

_____

_____

스토리브랜드 공식 다섯 번째 단계: 행동을 촉구한다

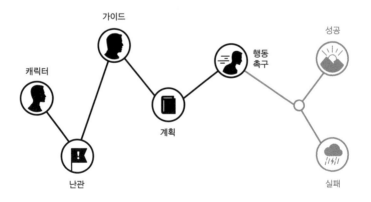

이 시점에서 고객은 구매할 준비가 되었다. 구매 방법을 전화로 문의하는 적극적인 고객도 있겠지만, 그렇지 않은 고객이 더 많을 것이다. 아마 판매자가 구매를 요청할 때까지 기다리거나 아쉬운 마음을 품고 돌아설 것이다. 문제를 해결해주는 대가로 기꺼이 돈을 낼 용의가 있었는데도 말이다.

딱히 이상한 현상이 아니다. 사람들은 보통 요청하지 않으면 선뜻 나서지 않는다. 구매도 마찬가지다.

그렇다면 어떻게 해야 할까? 고객에게 당당하게 구매를 촉구해야 한다.

주인공은 애초에 이 스토리에 던져지길 원하지도 않았다. 마음의 준비는커녕 자기 의심으로 가득 차 있으며 도움이 절실한 상태다. 단지 이 모든 혼란을 끝내고 편안한 일상으로 돌아가고 싶을 뿐이다!

가이드는 종종 문제 해결을 돕고자 주인공의 등을 떠민다. 성을 떠나라. 산을 올라라. 주먹을 내질러라. 연인의 마음을 사로잡아라. 당장 움직여라!

비즈니스도 마찬가지다. 고객에게 행동을 촉구해야 한다. 이제 구매할 때라고 말해야 한다.

웹사이트의 '구매하기' 버튼은 밝고 눈에 확 띄어야 하며 고객이 상세 페이지를 스크롤할 때 따라가야 한다. 사실 '구매하기' 버튼은 웹사이트에서 가장 쉽게 누를 수 있는 버튼이어야 한다.

마트의 계산대는 늘 눈에 잘 띄는 곳에 있다. 고객이 선택한 물건을 어디로 가져와야 구매할 수 있는지 알려주기 위해서다. 웹사이트에서도 마찬가지다. '구매하기' 버튼은 쉽게 찾아 누를 수 있어야 한다.

꼭 '구매하기'가 아니더라도 '예약하기' 또는 '지금 전화하기'처럼 직접적인 문구를 넣어야 한다.

많은 비즈니스 리더가 마케팅 매체에 강제성을 드러내기 싫어서 너무 소극적으로 구매를 유도하는 실수를 저지른다. '시작하기' 또는 '자세히 알아보기' 같은 말은 고객이 믿고 사도 좋을 만큼 제품이나 서비스에 자신이 있는 것처럼 들리지 않는다.

고객이 수락하거나 거절할 수 있는 제안을 해야 한다. 고객에게 행동을 촉구해보자.

∥ **나는 고객에게 주로 어떻게 구매를 촉구하는가?**

_____

_____

마케팅 매체에 명확한 구매 촉구 수단이 있으면 매출은 더욱 증가할 것이다.

이제 '득과 실'을 추가해 스토리를 마무리 지어보자.

스토리브랜드 공식 여섯 번째 단계:
실패를 피하게 해준다

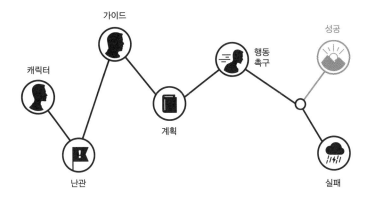

좋은 스토리에는 이해득실이 걸려 있어야 한다. 주인공이 당면 과제를 완수하느냐에 따라 무언가를 얻거나 잃어야 한다. 주인공이 결국 첫사랑과 이루어질까, 아니면 실연의 상처를 안고 살아야 할까? 변호사가 승소해서 마을의 정의를 구현할까 아니면 마을 주민들이 계속 고통받아야 할까?

주인공이 어떤 선택을 하느냐 마느냐에 따라 무엇을 얻고 무엇을 잃게 될지 스토리텔러는 청자에게 틈틈이 귀띔한다. 마케팅도 마찬가지다. 고객이 제품을 구매해서 무엇을 피할 수 있는지 알려야 한다. 인간은 편안함을 추구하는 것만큼이나 불편함을 피하고자 한다. 눈앞의 문제를 해결하지 않고는 못 배긴다. 해당 제품이 좌절이나 고통에서 벗어나게 해주리라고 언급하면 고객의 구매 동기가 된다.

판매하려는 매트리스가 허리 통증을 완화해줄 수 있는가? 판매하려는 차량이 뒷좌석 개방감이 좋아서 아이를 카시트에 쉽게 앉힐 수 있는가? 전시장이든 웹사이트든 그 사실을 내걸어라.

스토리의 핵심은 결국 주인공의 선택에 어떤 득과 실이 따르느냐다.

∥ 우리 제품이나 서비스의 도움으로 고객이 피할 수 있는 나쁜 상황은 무엇인가?

———————————————

———————————————

∥ 우리 제품이나 서비스를 구매하지 않으면 고객이 어떤 경험을 계속하게 될까?

———————————————

———————————————

마케팅 매체에 고객이 지금 느끼는 불편함을 나타내는 구절을 넣으면 주문량이 증가할 것이다.

누구나 불편과 손해를 피하고 싶기에 그런 구절을 보면 긴박감이 든다. 그러나 고객을 초조하게만 해서는 안 된다. 고객은 우리 제품이나 서비스를 구매했을 때 일어날 멋진 일에도 매력을 느껴야 한다.

스토리브랜드 공식의 마지막 대목은 고객에게 더 나은 삶을 예고하는 것이다.

스토리브랜드 공식 일곱 번째 단계:
성공으로 끝맺는다

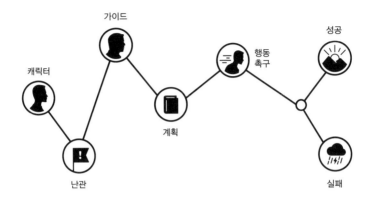

마지막으로, 잠재 고객에게 어떤 이득이 있을지 구체적으로 제시해야 한다.

모든 주인공은 해피엔딩을 원한다. 제품 구매로 얻게 될 놀라운 혜택은 당신에게는 분명해 보여도 고객에게는 그렇지 않을 수 있다.

스토리를 완성하려면 고객이 제품이나 서비스를 구매했을 때 어떤 멋진 일이 일어날지 '직접' 알려줘야 한다. 그러면 제품이나 서비스가 훨씬 더 가치 있게 느껴질 것이다.

예를 들어 전기 자전거를 판매한다고 하자. 자전거의 가격은 3000달러로, 꽤 비싼 가격이다. 어떻게 합리적인 가격처럼 보이게 할 수 있을까? 자전거를 구매해서 얻게 될 멋진 효과를 나열하면 된다.

• 기름값을 절약할 수 있습니다.

- 교통 체증에 시달릴 필요가 없습니다.
- 자연을 즐길 수 있습니다.
- 환경 보호에 동참할 수 있습니다.

고객은 이 문구들을 보고 무의식적으로 셈을 한다. 제품의 가격과 자신이 얻게 될 가치를 비교하고, 더 많은 가치를 얻게 될수록 제품의 가격이 매력적으로 느껴진다.

그렇다. 그저 어떻게 '말'하느냐에 따라 제품의 가치를 높일 수 있다.

생각해보라. 자전거 가격은 3000달러지만 기름값을 절약할 수 있다. 또 교통 체증에 시달리지 않는다면 최소 1000달러의 가치가 있으니까 실제로 4000달러 가치의 자전거를 3000달러에 사는 것이다. 아니, 야외 활동을 즐길 수 있으니 5000달러의 가치를 고작 3000달러로 누린다고 할 수 있다. 잠깐, 환경도 보호할 수 있다! 얼마나 가치 있는 일인가. 결국 이 자전거는 삶의 방식을 바꿀 수 있다는 점에서 6000~7000달러의 가치가 있을지도 모른다.

갑자기 3000달러라는 가격이 제법 저렴하게 느껴진다. 긍정적 비전을 제시하는 마케팅이 자전거의 가치를 끌어올렸기 때문이다.

다시 말하지만, 제품이나 서비스를 구매했을 때 어떤 멋진 일들이 일어나는지 제시하면 제품의 가치가 올라가서 주문할 가능성이 훨씬 커진다. 구매 후의 혜택을 예고했기 때문이다. 모든 이야기는 해피엔딩이나 새드엔딩을 향해 나아간다. 우리는 영화를 보면서 주인공이 경주에서 이기고, 폭탄을 해체하고, 승진에 성공하기를 바란다. 주인공이 난관을 극복하면 어떤 해피엔딩을 맞을지 스토리텔러가 틈틈이 예고했기 때문이다.

당신도 고객이 제품을 살펴보는 내내 고객의 삶이 어떻게 변할 수 있는지 계속 예고할 수 있어야 한다.

고객이 제품이나 서비스를 구매해서 경험하게 될 놀랍고 긍정적인 일을 나열하라. 그러면 고객은 해피엔딩을 위해 제품이나 서비스를 구매하게 될 것이다.

‖ **우리 제품이나 서비스를 구매한 고객의 삶은 어떤 모습일까?**

_____

_____

‖ **우리 제품이나 서비스가 고객에 삶에 어떤 가치를 더할 수 있을까?**

_____

_____

인간은 스토리에 몰입하도록 프로그래밍되어 있다. 우리 뇌는 매일 접하는 무작위적인 데이터를 의미 있는 스토리로 구성하려고 노력한다. 일곱 가지 단계로 구성된 마케팅 메시지를 전달하면 고객은 당신의 제품이 어떻게 삶을 변화시키는 것인지 애써 궁리할 필요가 없다.

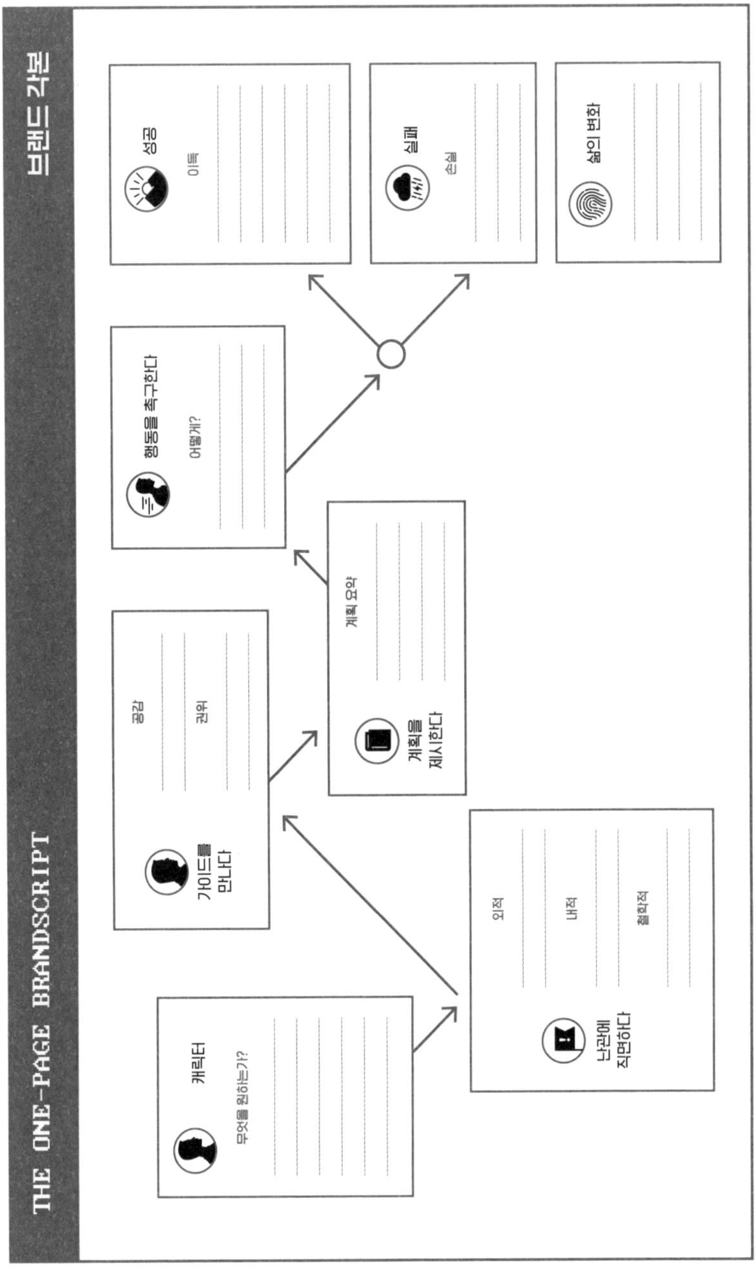
THE ONE-PAGE BRANDSCRIPT
브랜드 각본
캐릭터
무엇을 원하는가?
난관에 직면하다
외적
내적
철학적
가이드를 만나다
공감
권위
계획을 제시하다
계획 요약
행동을 촉구하다
어떻게?
성공
이득
실패
손실
삶의 변화

스토리브랜드 7단계 공식으로
브랜드 각본을 완성하라

일곱 가지 단계를 정리해서 브랜드 각본을 완성해보자. 브랜드 각본을 이용해 제품이나 서비스로 문제를 해결하는 스토리로 고객을 초대할 수 있다.

결국 마케팅의 기본 원리는 간단하다.

1. 반복 가능한 일련의 마케팅 메시지를
2. 모든 판매 경로와 마케팅 매체에 활용하면
3. 매출이 증가하고 회사가 성장한다.

명확한 새 메시지로 마케팅 자료를 꾸리면 고객의 반응과 매출이 개선될 것이다.

영업

Sales

고객을 주인공으로
만들기

3단계에서 해결할 수 있는 문제들

- 영업 활동을 좋아하지 않는다.
- 가격 얘기를 할 때 자신감이 없다.
- 마케팅과 영업이 연계되지 않는다.
- 효과적인 영업 이메일 쓰는 법을 모른다.
- 영업 대화sales conversation에서 판매자를 주인공으로 설정한다.
- 잠재 고객이 바로 신뢰감을 보이지 않는다.
- 팀원들에게 잘 파는 법을 가르치기 어렵다.
- 매출이 당장 늘어야 한다.

고객을 속이지 말고
초대하라

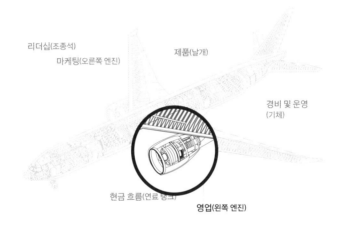

이제 오른쪽 엔진이 추진력을 내고 있으니 같은 스토리텔링 공식을 사용해 왼쪽 엔진에 시동을 걸어보자. 왼쪽 엔진이 가세하면 비행기의 추진력이 두 배가 된다.

나는 오래전부터 스토리브랜드 마케팅 공식을 영업에도 적용해

달라는 요청을 받아왔다. 이 책에서 처음 그 공식을 소개한다.

모든 사업자와 영업인은 백만 불짜리 세일즈 피치를 만들 줄 알아야 한다. 백만 불짜리 세일즈 피치란 비즈니스의 규모와 상관없이 매출 백만 달러를 찍게 해주는 영업 대화 스킬을 말한다. 훌륭한 세일즈 피치를 만들 줄 알면 소규모 비즈니스에서도 수백만 달러의 수익을 올릴 수 있다.

영업팀이 있다면 팀 전원이 이 세일즈 피치를 숙지해야 한다. 그래야 고객들이 브랜드와 더 긍정적으로 소통하고 매출도 늘어난다.

자신을 영업자라고 생각하는 사업자는 드물지만, 사실 우리는 모두 영업을 해야 한다. 제품을 구매하라고 고객을 설득하지 못하면 비즈니스는 추락한다.

영업을 좋아하지 않더라도 걱정하지 마시라. '고객이 주인공이다The Customer Is the Hero'만 기억하면 백만 불짜리 세일즈 피치를 만들 수 있다.

우선 영업에 대한 관점을 바꿔보자. 영업이 고객을 꼬드겨 제품을 구매하게 하는 것이 아니라 고객의 문제를 우리 제품이 어떻게 해결할 수 있는지 설명하는 것이라고 생각하자.

영업자는 종종 정직하지 않으며 사람들의 주머니만 노린다는 오해를 산다. 아무리 거래라도 진실성이 느껴지지 않는 상호작용은 불쾌하기 마련이다.

몇 년 전에 나는 아내와 함께 차를 사려고 자동차 대리점에 갔다. 한참 동안 여러 모델을 꼼꼼히 살펴보고 시승한 뒤, 딜러와 열심히 가격 협상을 했다. 그 과정이 너무 길어져서 중간에 아내와 나, 딜러의 저녁밥까지 포장해서 돌아와야 했다. 하지만 그럴 만한 가치가 있었다. 마침내 딜러가 우리가 원하는 차를 1만 달러나 할인해주었기 때문이다. 그는 상사에게 다섯 번이나 확인을 받고 계산기를 다시 두드려야 했지만 결국 거래를 성사시켰다. 기쁜 마음으로 집에 돌아온 우리는 머리를 식히려고 소파에 앉아 텔레비전을 켰다. 거짓말이 아니라, 그 순간 나온 광고가 바로 그 자동차 대리점 광고였다. 매장 방문객 모두에게 새 차를 1만 달러 할인해준다고 뻔뻔하게 말하는 게 아닌가!

나는 속았다는 생각에 치를 떨었지만 아내는 그저 깔깔 웃으며 내 무릎을 두드렸다. "저녁밥까지 사다 바쳤지."

고객이 속았다고 느끼지 않게 하려면 어떻게 해야 할까? 간단하다. 고객을 속이지 않으면 된다.

고객에게 제품을 팔려고 애쓰지 말고 고객이 제품을 사용해 문제를 해결할 수 있는 스토리로 정직하게 초대하자.

나는 영업 대화를 할 때마다 단 1초도 고객을 설득하려고 애쓰지 않는다. 그저 한 가지만 따진다. 이 고객이 우리 제품으로 해결할 수 있는 문제를 가지고 있는가? 답이 '그렇다'일 경우에만 제품을 소개한다.

심지어 우리 제품을 사고 싶다고 했는데 내가 말린 적도 여러 번 있다. 솔직히 그들에게 우리 제품이 효과가 있을 것 같지 않았고, 사업자로서 나는 고객을 한 명이라도 실망시킬 수 없었다. 고객 불만족은 곧바로 비즈니스에 타격을 입히기 때문이다. 명심하라. 제품이 필요하지 않은 사람에게 제품을 팔다가는 큰코다친다.

사람들에게 제품을 팔려고 애쓰지 않고 제품이 해결할 수 있는 문제가 있는지 알아내려고 애쓰면 영업 대화의 질과 제품 구매 후 고객 만족도(좋은 입소문까지) 모두 올라간다. 이는 백만 달러 이상의 가치를 불러온다.

그러기 위해 우리는 소모적이고 작위적인 영업 대화가 아닌 주인공이 문제를 해결하는 스토리로 고객을 초대해야 한다. 이미 우리는 마케팅 단계에서 스토리브랜드 공식을 따라 이 작업을 수행했다. 사실 마케팅 단계에서는 완성한 일곱 가지 구절을 웹사이트와 이메일 서식에 넣어두기만 하면 되기 때문에 비교적 간단한 일이었다.

하지만 영업은 역동적이다. 영업 대화는 고객과 점심을 먹으면서, 문자 메시지를 주고받으면서, 화상 회의를 하면서 이루어진다. 따라서 우리는 스토리로 사고할 줄 알아야 한다.

위대한 사업가, 정치가, 종교 지도자들은 모두 뛰어난 영업가였다. 리처드 브랜슨, 테레사 수녀, 오프라 윈프리, 마하트마 간디, 윈스턴 처칠 등 당신이 존경하는 거의 모든 리더가 '고객이 주인공이다' 세일즈 피치를 직관적으로 알고 있을 것이다. 그들이 뭔가를 팔려고 했는가? 아니, 그들은 사람들의 문제를 해결하려고 노력했다. 이 세일즈 피치를 더 자주 사용할수록 더 큰 영향력을 발휘하고 더 큰 성공을 거둘 수 있다.

그렇다면 어떻게 해야 자연스럽게 대화를 유도할 수 있을까? 지금부터 고객을 스토리로 초대하는 법을 알아보자.

'고객이 주인공이다' 세일즈 피치

고객과 소통할 때 어떻게 '스토리로 사고'할 수 있을까?

좋은 영업 대화의 열쇠는 고객을 스토리의 주인공으로 삼는 것이다. 고객을 만나 제품을 구매하도록 설득하기 전에 제품이 고객의 문제를 해결할 수 있는지 알아내야 한다. 고객과 점심을 먹든, 통화를 하든, 이메일을 주고받든, 주인공이 문제를 해결해야 한다는 스토리만 염두에 두면 고객을 구매로 이끌 수 있다.

세계적인 매트리스 업체 템퍼 실리 인터내셔널Tempur Sealy International의 미국 지사장 스티브 루싱Steve Rusing은 '고객이 주인공이다' 세일즈 피치를 익힌 뒤 소매점들에 자사 제품을 그저 '판매'하려고 하지 않고 모든 매장을 찾아 목표를 물었다고 한다. 그렇게 각 매장이 달성하고자 하는 목표를 파악한 뒤 그 목표를 달성할 수 있도록 자사 제품을 포지셔닝해주었다.

루싱에 따르면 그때까지 매트리스 기업이 각 소매점의 목표를 알고자 한 적은 없었다. 소매점은 자체 목표를 달성하기보다 기업의 판매 목표를 달성하기 위해 '이용되는' 방식에 익숙했다. 하지만 루싱은 고객이 무엇을 원하는지 파악해 맞춤형 프로모션을 기획했고, 그 결과 모든 매장의 매출이 올랐다.

판매자는 고객을 주인공으로 대할 때 더 많은 제품을 팔 수 있다. 팔려고 하지 않아도 팔린다. 비결은 의외로 간단하다. 스토리로 사고하려면 도형 코드를 이용하면 된다.

무슨 뜻인지 지금부터 설명하겠다.

오래전에 나는 한 브로드밴드 기업 영업팀에게 컨설팅 의뢰를 받았다. 그들은 좀처럼 거래를 성사시키지 못했다. 고객들에게 제품의 기술적 기능을 설명할 때마다 고객들은 복잡한 방정식 풀이를 듣는 것처럼 멍한 표정이 된다고 했다.

그들이 나에게 검토해달라고 한 영업 자료는 성사되기만 하면 수백만 달러의 매출을 올릴 수 있는 두 장 분량의 제안서였다. 제안서는 깔끔해보였지만 중요한 것이 빠져 있었다. 바로 스토리였다. 제안서에는 고객에게 필요하다고 생각되는 제품군이 명확하게 설명되어 있었지만 밋밋하고 지루하게 읽혔다.

나는 영업팀에게 고객을 스토리로 초대하는 세일즈 피치의 원리를 설명했다. 화상 회의였기 때문에 나는 내 화면을 공유하고 빨간펜 표시 기능으로 제안서를 분석하기 시작했다.

"이제부터 고객의 문제를 언급하는 대목에는 원(○)을 표시하고, 제품 구매 후 고객의 삶이 어떻게 달라질지 제시하는 대목은 하트(♡), 제품에 관해 설명하는 대목은 삼각형(△)으로 표시하겠습니다." 내가 말했다.

나는 제안서를 소리 내어 읽으며 문장 위에 도형을 그렸다. 내가 읽기를 마쳤을 때 다들 놀랐다. 문서에 온통 삼각형밖에 없었기 때문이다.

제안서에는 고객이 제품의 도움으로 문제를 해결하고 삶의 질이 올라간다는 내용은 없고 오직 기업과 제품을 설명하는 내용뿐이었다. 백만 불짜리 세일즈 피치와는 정반대였다.

제안서를 개선하는 일은 간단했다. 첫머리에 고객의 문제를 언급하는 몇 문장을 추가하고 제안서 마지막에 고객의 삶이 어떻게 달라질지 예고하는 몇 문장을 추가하기만 하면 되었다.

제안서를 도형으로 구분했더니 고객을 스토리로 초대했음을 한눈에 알 수 있었다. 제안서는 원으로 시작해 삼각형로 이어지다가 하트로 마무리되었다. 다시 말해 제안서는 고객의 문제를 파악하고 그 문제의 해결책이 될 제품을 설명했으며 문제가 해결된 후 달라진 삶의 그림을 제시했다. 순식간에 고객이 주인공인 백만 불짜리 세일즈 피치가 완성됐다.

그 브로드밴드 기업 영업팀은 고객을 주인공으로 삼아 스토리로 초대한 덕분에 큰 거래를 성사시킬 수 있었다.

그 컨설팅은 나에게도 무척 유익했다. 나는 누구나 영업 대화, 영업 이메일, 제안서를 개선할 수 있도록 도형 코드를 만들었다. 몇몇 스토리 대목을 다른 도형 코드로 만들어서 영업 자료가 고객을 확실히 스토리로 초대하는지 한눈에 알 수 있게 했다.

이 도형 코드는 기타의 코드와 비슷하다. 코드를 알면 원하는 곡을 얼마든지 만들어낼 수 있다. 문서든 대화든 몇 가지 코드로 구성하면 고객은 그 음악에 귀를 기울일 것이다.

스토리로 사고하는 사업자는 왼쪽 날개에 제트 엔진을 단 것 같은 효과를 얻을 수 있다. '고객이 주인공이다' 세일즈 피치는 매출을 끌어올리는 비밀병기가 될 것이다.

'고객이 주인공이다' 세일즈 피치의 도형 코드는 이렇게 구성되어 있다.

고객의 문제: 원(○)

문제의 해결책이 될 제품: 삼각형(△)

3~4단계 계획: 사각형(□)

고객이 피해야 할 손실: 가위표(×)

고객이 얻게 될 이득: 하트(♡)

행동 촉구: 별(☆)

고객과 소통할 때 도형을 두 가지 이상 포함하면 고객을 스토리에 초대하는 것이므로 고객이 흥미를 보일 가능성이 훨씬 더 커진다. 물론 많이 포함할수록 효과가 좋고 여섯 가지를 모두 포함하면 굳이 팔려고 하지 않아도 팔리는 백만 불짜리 세일즈 피치를 완성한 것이다.

우리의 목표는 이 레퍼토리가 아주 익숙해져서 저절로 스토리로 사고하게 되는 것이다.

고객을 스토리로 초대한다는 게 뭘까?

가령 낯선 파티에 갔다가 같은 직업을 가진 두 사람을 따로 만났다고 하자. 둘은 같은 품질과 같은 가격으로 같은 서비스를 제공한다.

먼저 만난 사람에게 무슨 일을 하는지 묻자 상대방이 대답한다. "저는 방문 요리사예요. 고객의 집에 가서 요리를 해주죠."

흥미롭다. 어디서 어떻게 요리 경력을 쌓았는지, 이 동네에서 가장 좋아하는 레스토랑이 어디인지 물으며 가벼운 대화를 즐기지만 그에게 연락처를 묻거나 방문 요리를 의뢰할 생각은 없다. 사실 집에 요리사를 불러야겠다는 생각은 들지 않는다.

잠시 후, 또 다른 사람을 만나 무슨 일을 하는지 물었더니 이런 대답이 돌아온다. "요즘 집에서 함께 먹는 가족이 드물잖아요? 함께 먹더라도 건강하게 먹지 않죠. 저는 방문 요리사예요. 고객의 집에 방문해 한 끼 가정식을 차려드리죠. 요리부터 뒷정리까지 고객은 아무 걱정 없이 가족들과 맛있는 식사를 하며 좋은 시간을 보낼 수 있어요."

같은 질문에 전혀 다른 대답이다! 바로 그가 고객을 스토리로 초대해 의뢰를 고려하게 만드는 요리사다.

어떤 스토리인가? 주인공이 집에 방문 요리사를 불러 오랜만에 가족과 저녁을 먹으며 뜻깊은 시간을 나누는 스토리다. 그 스토리를 듣자마자 실제로 그러고 싶다는 생각이 든다.

이제 이 스토리텔링 기법을 이해하기 위해 '고객이 주인공이다' 도형 코드를 하나씩 분석해보자.

○: 고객의 문제 파악하기

대화에 한 가지 도형만 넣어야 한다면 단연 원이다. 원은 고객이 겪는 문제를 나타내며 고객의 주의를 끄는 데 가장 효과적이다.

고객의 문제는 스토리의 서사 견인이다. 영화 속 주인공은 되도록 빨리 곤경에 처해야 한다. 그래야 관객의 머릿속에 '스토리의 문'이 열린다. '주인공이 과연 이 난관을 극복할 수 있을까?'

영업 대화에서도 마찬가지다. 고객의 문제를 언급하면 고객의 머릿속에 스토리의 문이 열리고, 그 문을 닫을 수 있는 유일한 방법(솔루션)은 물론 제품이나 서비스다. 고객은 확 끌리기 마련이다. '그래서 해결책이 있나? 그게 나한테 효과가 있을까?'

영업 대화를 할 때 고객의 문제가 왜 중요할까?

인간의 뇌는 당면 과제를 해결하도록 프로그램되어 있다. 나는 생후 10개월된 딸아이가 이유식을 숟가락으로 떠서 머리에 문지르는 걸 보고 이렇게 생각했다. '또 한 인간이 흥미로운 문제를 해결하기 위한 여정을 시작하고 있구나.'

사실 인간은 문제 해결을 너무 좋아해서 문제가 없으면 일부러 만들어내기도 한다. 주변에 유난히 일을 크게 만드는 사람이 한 명쯤 있을 것이다. 왜 그럴까? 실컷 들쑤시고 파헤치면서 문제를 해결하는 것을 즐기기 때문이다.

따라서 제품을 문제의 솔루션으로 연결해야만 잠재 고객이 구매를 고려하기 시작한다. 그전까지는 거들떠보지도 않았을 제품이다. 고객의 문제를 언급하면 고객은 더 많은 정보를 얻기 위해 귀를 기울이게 된다.

유능한 방문 요리사가 한 말을 '고객이 주인공이다' 도형 코드로 되짚어보자.

○: 요즘 집에서 함께 먹는 가족이 드물잖아요? 함께 먹더라도 건강하게 먹지 않죠.

짠! 요리사는 단박에 스토리의 문을 열었다. 그뿐 아니라 그는 대화 상대가 잠재 고객인지 아닌지 가려냈다. "요즘 집에서 함께 먹는 가족이 드물잖아요?"라고 운을 떼서 상대방에게 자신이 해결해 줄 수 있는 문제가 있는지 떠봤다. 문제가 있다면 관심을 기울일 테고, 없다면 그냥 가벼운 대화를 즐기면 된다. 굳이 팔려고 애쓰지 말라. 영업의 최우선 과제는 고객에게 제품으로 해결할 수 있는 문제가 있는지 파악하는 것이다.

△: 제품을 문제의 솔루션으로 포지셔닝하기

제품을 문제의 솔루션으로 포지셔닝하면 고객이 생각하는 제품의 가치가 치솟는다.

우리는 삶에서 오직 한 가지, 솔루션에만 가치를 부여한다. 심장 전문의는 치명적 문제에 대한 솔루션이므로 매우 존중받는다. 안전한 가족용 차는 아이를 태우고 다닐 때의 불안감을 해소하는 솔루션이다. 롤렉스 시계는 지위를 향한 열망을 충족시키는 솔루션이다.

심지어 우리가 사랑하는 사람도 솔루션이라고 할 수 있다. 내 아내는 로맨스, 가족, 모험을 향한 내 열망을 채워준다. 내 인생의 중대한 문제들을 해결해주었기에 아내는 나에게 아주 소중한 존재다. 심지어 우리 아이들도 삶의 의미를 향한 나의 갈망과 또 다른 누군가를 위해 희생하고 기쁨을 느끼려는 욕구를 해결해주는 솔루션이다.

따라서 영업 대화에서 제품을 문제의 솔루션으로 내세우면 상대방은 제품에 더 큰 가치를 부여한다.

나는 자기계발서를 읽을 때마다 한 가지 답을 찾으려고 한다. '과연 이 책이 나의 어떤 문제를 해결하는 데 도움을 줄까?' 몇 페이지 안에 답을 찾지 못하면 나는 곧 흥미를 잃고 책을 치워버린다. 그런 책이 이미 내 침대 옆 책꽂이에 가득하다.

이유는 간단하다. 우리는 문제를 해결해주는 사람과 사물만을 가치 있게 여긴다.

고객이 느끼는 제품의 가치는 문제의 경중에 따라 다르다. 문제가 심각할수록 솔루션의 가치가 올라간다. 제품이 문제를 어떻게 해결하는지 분명하게 알리면 제품의 가치를 높일 수 있다.

유능한 방문 요리사가 자신의 서비스를 어떻게 문제의 솔루션으로 제시했는지 보자.

○: 요즘 집에서 함께 먹는 가족이 드물잖아요? 함께 먹더라도 건강하게 먹지 않죠.
△: 저는 방문 요리사예요. 고객의 집에 방문해 한 끼 가정식을 차려드리죠.

요리사는 잠재 고객이 겪을 수 있는 문제를 언급하고 곧바로 자신의 서비스를 솔루션으로 포지셔닝했다. 문제가 있는 고객은 아래와 같이 생각하며 그 서비스가 가치 있다고 판단할 것이다.

○: '우리 가족이 앞으로도 함께 식사하지 않으면 어쩌지?'
△: '이 요리사가 우리 집에 와서 요리해주면 되겠다.'

여기서 이미 고객은 스토리에 초대되었다. 주인공은 항상 무언가를 얻기 위해 난관을 극복해야 한다. 가족이 더는 한 식탁에 둘러앉지 않는 상황을 방문 요리사를 불러 해결한다는 스토리는 실제로 그런 문제가 있는 고객을 초대하기 좋은 스토리다.

'고객이 주인공이다' 세일즈 피치의 첫 두 단계만 밟아도 매출을 끌어올릴 수 있다. 영업 이메일, 제안서, 프레젠테이션 또는 일상적인 대화에서 원과 삼각형에 해당하는 문장을 한두 개만 넣어도 훨씬 더 많은 거래를 성사시킬 것이다. 물론 다른 도형 문장을 추가하면 고객을 스토리로 더 깊이 끌어들일 수 있다.

□: 고객에게 단계별 계획 제시하기

스토리에 초대되는 시점에서 고객은 문제에 대한 솔루션이 있다는 걸 알게 된다. 하지만 구매로 이어질 만큼 충분한 정보는 아니다.

스토리브랜드 마케팅 공식에서 이야기했듯이, 고객은 구매할 때 일종의 리스크를 감수하는 셈이다. 헛돈을 썼다고 느끼거나 제품이나 서비스가 생각보다 만족스럽지 않을 수도 있다. 구매는 어떤 식으로든 삶의 변화를 가져오는데 사람들은 대부분 변화에 보수적이다.

고객은 그 솔루션을 살지 말지 고민하면서 혼란이나 우려를 느끼지만 그 이유를 정확히 짚어내지 못한다.

고객의 여정을 숲속 하이킹이라고 상상해보자. 이 시점에서 고객이 걷던 오솔길이 갑자기 급류가 흐르는 강으로 변한다. 이때 고객에게 솔루션으로 이어지는 디딤돌을 놓아줄 수 있다. 이 디딤돌이 바로 3단계 계획이다.

예를 들어 방문 요리사가 고객을 초대하는 스토리에 3단계 계획을 포함한다면 이렇게 말할 것이다.

○: 요즘 집에서 함께 먹는 가족이 드물잖아요? 함께 먹더라도 건강하게 먹지 않죠.

△: 저는 방문 요리사예요. 고객의 집에 방문해 한 끼 가정식을 차려드리죠.

□: 절차는 간단해요. 30분 정도 상담을 통해 가족이 어떤 음식을 좋아하는지, 어떤 음식 알레르기가 있는지 파악한 뒤 댁에 방문해 저녁을 차려드립니다. 비용은 100달러 이내예요. 정기적으로 서비스를 이용하고 싶다면 가족의 일정에 맞춰 예약하면 됩니다.

3단계 계획을 파악했는가? 첫째, 요리사가 고객과 상담한다. 둘째, 요리사가 집에 방문해 요리한다. 셋째, 정기 계약을 맺는다.

3단계 계획을 제시하면 고객이 문제에서 솔루션으로 넘어갈 가능성이 훨씬 커진다.

방문 요리사는 단계별 계획을 제시함으로써 두 가지 일을 해냈다.

첫째, 고객의 위험 부담을 줄였다. 고객은 이미 스토리에 몰입했으나 정보가 부족해서 앞으로 나아가지 못했을 가능성이 크다. 주방에 낯선 요리사가 있는 게 불편하지 않을까? 처음부터 정기 계약을 맺어야 하나? 우리 가족은 이런저런 음식 알레르기가 있는데 어쩌지? 비용은 얼마나 들까? 우리 애들이 싫어하는 음식을 차리면 어쩌지? 요리사는 서비스 과정을 일련의 단계로 요약해 고객의 위험 부담을 덜었다.

둘째, 고객에게 미래의 모습을 뚜렷하게 보여줬다. 인간은 변화에 일단 거부감을 느낀다. 요리사를 고용했다가 삶이 나아지기는커녕 더 나빠진다면 어쩐담? 요리사는 희망적인 미래를 예고하며 고객의 거부감을 해소했다.

가령 당신이 매트리스를 판매한다고 치자. 고객은 허리에 문제가 있고 자신의 낡은 매트리스가 허리 통증을 악화한다는 사실을 알고 있다. 하지만 선뜻 새 매트리스를 구매하지 않는다. 왜일까? 여러 가지 이유가 있을 수 있다. 첫째, 새 매트리스를 썼다가 허리 통증이 더 심해지면 어쩌지? 둘째, 헌 매트리스를 어떻게 처리하지? 셋째, 새 매트리스가 처음에만 단단하고 복원력이 금방 떨어지면 어쩌지? 고객에게 새 매트리스는 무턱대고 구매하기에는 너무 비싸다.

하지만 당신이 3단계 계획을 제시하면 그 모든 우려를 불식할 수 있다. 첫째, 새 매트리스를 자택으로 배송해드립니다. 둘째, 헌 매트리스는 수거해드립니다. 셋째, 90일 안에 매트리스가 마음에 들지 않으면 쇼룸에 있는 다른 매트리스로 교환해드립니다.

핵심은 문제에서 솔루션으로 이동하기가 얼마나 쉬운지 설명하는 것이다. 고객이 강둑에서 불안에 떨며 급류를 바라보게 하지 말고 디딤돌을 놓아주라.

✕, ♡: 손실과 이득을 예고하여 긴박감 조성하기

모두가 해피엔딩을 좋아한다. 주인공이 첫사랑과 결혼하거나 악당을 무찌르거나 재판에서 승소할 때 우리는 만족감을 느낀다. 나는 어릴 때 영화 〈베스트 키드The Karate Kid〉를 보다가 대니얼이 가라테 대회에서 우승했을 때 벌떡 일어나 환호성을 질렀다. 왜? 대니얼이 나쁜 녀석들에게 얻어맞을까 봐, 좋아하는 여자아이 앞에서 굴욕을 당할까 봐 한 시간 내내 손톱을 물어뜯었으니까! 그만큼 영화에 깊이 몰입한 것이다.

스토리텔러는 극의 몰입도를 높이기 위해 주인공이 눈앞에 놓인 과제를 완수하면 무엇을 얻고 포기하면 무엇을 잃게 될지 틈틈이 예고한다.

영화 역시 보통 일찌감치 클라이맥스를 예고한다. 클라이맥스는 '필수 장면'이라고도 하는데, 관객에게 만족감을 주기 위해 꼭 필요한 장면이기 때문이다. 영화 〈내셔널 트레저: 비밀의 책National Treasure: Book of Secrets〉에서는 영화가 시작하고 15분쯤 뒤 저스틴 바사가 "저들이 독립선언서를 훔치려 할 거야"라고 말한다. 그러자 니컬러스 케이지가 비장한 어조로 말한다. "우리가 막아야지."

자, 이제 니컬러스 케이지가 독립선언서를 훔치려는 악당들을 막는 장면이 필수 장면이 되었다.

실제로 시나리오 작가는 필수 장면을 먼저 쓰는 경우가 많다. 결말을 정해두고 써야 스토리에 힘이 실리기 때문이다.

영업도 마찬가지다. 고객의 마음을 움직일 필수 장면을 미리 보여줘야 한다.

부동산 중개인이라면 잠재 고객이 지금 사는 집에서 가장 불편해하는 점을 파악하고 해당 문제가 해결되는 장면을 예고하면 된다. 고객이 욕실에 세면대가 하나뿐이라서 불편해하는가? 그렇다면 고객 부부가 아침에 출근 준비를 하면서 얼마나 번거로웠는지 다시 한 번 강조하고, 세면대가 두 개 딸린 넓고 탁 트인 욕실이 있는 집을 찾아주겠다고 알리는 것이다.

부동산 중개인은 세면대가 두 개 딸린 널찍한 욕실에 부부가 나란히 서 있는 장면을 예고하며 마무리한다. 고객은 바로 그런 집을 구해 스토리의 문을 닫아야 한다는 긴박감을 느낄 것이다.

필수 장면은 주요 문제가 해결되는 장면이다. 따라서 제품이나 서비스를 통해 문제가 해결되는 장면을 예고하면 고객의 마음은 그 솔루션으로 기울 것이다.

필수 장면 예고가 고객의 몰입도를 어떻게 높일까?

영화에서 클라이맥스를 예고하면 관객은 약간의 인지 부조화 cognitive dissonance를 겪는다. 문제가 해결될 때까지 긴장감과 불편함을 계속 느끼게 되는 것이다. 이런 긴장감은 스토리를 더욱 흥미롭고 매력적으로 만든다. 맙소사, 과연 저 팀이 우승을 차지할 수 있을까?!

부동산 중개인이 클라이맥스를 예고한 순간 고객의 머릿속에 나타난 인지 부조화는 널찍한 욕실만이 해소할 수 있다.

부동산 중개인은 고객에게 매물을 보여주면서 이 집에서의 삶이 어떤 모습일지 예고할 수 있다. '욕실에 세면대가 두 개라서 만족할 거예요.' '뒷마당에 울타리가 있어서 한밤중에 개를 찾아 동네를 헤맬 필요가 없을 거예요.' '계단을 오르지 않고도 아기를 확인할 수 있을 거예요.' 완벽하다. 부동산 중개인이 예고한 세 가지 클라이맥스를 통해 고객은 세 가지 문제 해결에 집중할 수 있다.

중개인이 클라이맥스를 예고할 때마다 고객은 중개인이 자신의 말을 경청한다고 느낄 것이다. 자신이 언급하지도 않은 대출 금리, 수납공간, 온수기 따위에 대해 늘어놓지 않고 자신이 원하는 방향으로 안내받는다고 여긴다.

손실을 덧붙여 긴박감을 높여라

스토리에 긴박감을 불어넣는 요소는 주인공이 얻게 될 이득만이 아니다. 해당 대목에 고객이 피해야 할 손실을 덧붙이면 더 많이 팔수 있다.

고객이 구매를 포기하면 어떤 손실을 보게 될까? 부부는 아침마다 좁은 욕실에서 서로 계속 부딪쳐야 할 테고, 툭하면 개를 찾아 동네를 헤매야 할 것이다.

구매 여부에 따른 득과 실을 덧붙이면 구매 가능성이 훨씬 더 커진다. 다시 칵테일 파티에서 만난 방문 요리사의 세일즈 피치에 득과 실을 추가해보자.

○ : 요즘 집에서 함께 먹는 가족이 드물잖아요? 함께 먹더라도 건강하게 먹지 않죠.

△ : 저는 방문 요리사예요. 고객의 집에 방문해 한 끼 가정식을 차려드리죠.

□ : 절차는 간단해요. 30분 정도 상담을 통해 가족이 어떤 음식을 좋아하는지, 어떤 음식 알레르기가 있는지 파악한 뒤 댁에 방문해 저녁을 차려드립니다. 비용은 100달러 이내예요. 정기적으로 서비스를 이용하고

싶다면 가족의 일정에 맞춰 예약하면 됩니다.

✕ : 자녀들이 독립하기 전까지 앞으로 몇 번이나 함께 저녁을 먹겠어요?

♡ : 제 고객들은 저녁에 한 식탁에 둘러앉아 대화를 나눠요. 날마다 서로에
 대해 좀 더 잘 알게 되고 서로의 삶에 관심을 기울일 수 있죠. 요리하느
 라 힘을 빼는 시간이 줄었으니까요!

이득과 손실이 어떻게 긴박감을 높이는지 이해했는가?

영업 대화에 득과 실을 추가하면 고객을 초대하는 스토리가 더
욱 흥미로워진다.

이제 마지막 대목을 추가해 판매를 성사시켜보자.

☆ : 행동 촉구하기

유능한 영업인은 구매를 요구하는 데 능숙하다. 미국 프로 미식
축구팀 댈러스 카우보이스Dallas Cowboys의 구단주 제리 존스Jerry Jones
는 비즈니스는 세 가지만 잘 지키면 성공한다고 했다. 첫 번째는 돈
을 요구하는 것이고, 나머지는 까먹었다고 한다.

하지만 대부분의 소규모 사업자는 고객에게 구매를 요구하기를
꺼린다. 얄팍하거나 강압적으로 비치기 싫어서다. 하지만 스토리에
초대된 고객의 마음속에서 실제로 어떤 일이 일어나는지 안다면 당
당하게 구매를 요구할 것이다.

몇 년 전 나는 국제공항에서 탑승 시간이 많이 남아서 아내와 따
로 면세점 안을 돌아다니다가 주얼리 매장에서 시계를 구경하게 됐
다. 오래전부터 좋은 시계를 하나 사고 싶긴 했다. 사업을 어느 정도

키우고 나면 나 자신에게 작은 보상을 줄 겸 나중에 자식에게 물려줄 만한 고급 시계를 사기로 다짐했는데 목표를 달성한 지 2년이 지나도록 못 사고 있던 참이었다. 몇몇 동료에게는 선물했으나 나 자신을 위한 선물로는 너무 사치스럽게 느껴졌다. 아내도 몇 번이나 사라고 부추겼지만 좀처럼 내키지 않았다.

판매원이 다가와 마음에 드는 시계를 착용해보라고 권하길래, 나는 멋진 기본 정장 시계 하나를 가리켰다. 판매원이 시계를 사려는 이유를 묻자 나는 회사 규모가 목표를 넘었는데 몇 년째 보상을 미뤘다고 답했다. 그는 미소를 지으며 나에게 충분히 그럴 자격이 있다고 말했다. 나는 고맙다고 답했지만 결국 시계를 풀고 좀 더 생각해보겠다고 했다.

"결심이 안 서시나 봐요." 그가 단도직입적으로 말했다.

"오늘은 아닌 것 같아요." 내가 마지못해 대답했다.

그러자 그는 이렇게 말했다.

"성취의 증표로 간직하기 좋은 시계입니다. 비행기에 들고 타실 수 있게 포장해드릴까요?" 그는 '당신을 돕게 해주세요'라고 말하는 듯한 미소를 지으며 물었다.

나는 잠시 그의 말을 곱씹다가 대답했다. "네, 좋아요. 그렇게 해주세요."

잠시 후 아내에게 돌아가 시계를 보여주자 아내는 깜짝 놀랐다.

"해냈네! 너무 예쁘다. 어떻게 샀어?"

"나도 모르겠어."

그 당시에는 내가 어떻게 결단을 내렸는지 정말 몰랐다. 나중에

돌이켜보니 그 판매원이 나 대신 결단을 내려준 것이었다. 스스로에게 보상을 줘도 된다고 그가 허락해준 셈이었다.

참고로 난 그 시계가 정말 마음에 든다. 언젠가 아들에게 그 시계를 선물하면서 사업을 키우는 일이 참 어려운 일이라고, 하지만 세상에 꾸준히 가치를 제공하면 꿈을 이룰 수 있다고 이야기할 것이다.

노련하고 당당하게 행동을 촉구한 그 판매원이 지금도 얼마나 고마운지 모른다. 그때 나는 정말 그 시계를 원했고 구매력도 있었다. 그저 작은 도움이 필요했을 뿐이다.

고객은 등을 떠밀어주기를 바랄지도 모른다

시계 판매원은 나를 꼬드기지 않았다. 그는 내가 시계를 살 이유와 여유가 있음을 파악했고, 내 행동을 촉구하면서 내가 시계를 사서 후회하지 않으리라는 확신을 주었다. 그가 옳았다. 나는 조금도 후회하지 않았다.

대부분의 사업자는 강압적인 태도를 보이기 싫어서 고객에게 명확하게 행동을 촉구하지 않는다. 따라서 영업 대화는 아무 소득 없이 끝난다.

'대화 즐거웠습니다. 제 도움이 필요하거나 더 자세한 이야기를 나누고 싶다면 언제든지 알려주시기 바랍니다.' 이런 소극적인 행동 촉구는 고객의 귀에 이렇게 들린다. '우리 제품이 당신의 문제를 해결해줄 수 있을지 없을지 모르겠지만 어쨌거나 저한테 호감을 느끼셨으면 합니다. 저에게는 갚아야 할 대출금과 먹여 살릴 아이들이 있으니 어려운 사람 돕는다고 생각하고 이 제품을 사주시기를 바랍니다.'

왜 이렇게 들릴까? 확신이 없기 때문이다.

영업을 할 때는 제품이 고객의 문제를 해결할 수 있다는 확신이 있어야 한다.

제품이 고객의 문제를 해결할 수 있을지 확신이 서지 않는다면 지금 당장 영업을 멈추고 제품을 개선해야 한다. 경쟁 제품보다 가격 대비 품질이 나아지면 영업에 필요한 자신감을 얻게 될 것이다. 품질에 자신 있는 사람들은 떳떳하게 구매를 제안한다. 자기 제품이나 서비스의 가치를 알기 때문이다.

제품이나 서비스가 고객의 문제를 해결할 수 있다고 믿는다면 자신감을 가지고 고객의 행동을 촉구하라.

명확하게 촉구하라

소규모 사업자가 저지르는 또 다른 실수는 행동을 명확하게 촉구하지 않는 것이다. '자세히 알아보시겠습니까?' 또는 '이 제품을 한 번 사용해보시겠습니까?' 같은 말은 명확한 행동 촉구가 아니다. 명확한 행동 촉구는 고객이 제품이나 서비스를 구매하기 위해 무엇을 해야 하는지 정확히 짚어준다.

예를 들어 '포장해드릴까요?' 또는 '목요일에 방문 설치 가능합니다. 지금 결제하시겠습니까?' 같은 말은 고객이 혼동할 리 없다. 좋은 행동 촉구는 고객에게 이런저런 대안을 제시하는 것이 아니라 고객이 수락하거나 거절할 수 있는 제안을 하는 것이다.

다시 방문 요리사의 세일즈 피치로 돌아가보자.

○ : 요즘 집에서 함께 먹는 가족이 드물잖아요? 함께 먹더라도 건강하게 먹지 않죠.

△ : 저는 방문 요리사예요. 고객의 집에 방문해 한 끼 가정식을 차려드리죠.

□ : 절차는 간단해요. 30분 정도 상담을 통해 가족이 어떤 음식을 좋아하는지, 어떤 음식 알레르기가 있는지 파악한 뒤 댁에 방문해 저녁을 차려드립니다. 비용은 100달러 이내예요. 정기적으로 서비스를 이용하고 싶다면 가족의 일정에 맞춰 예약하면 됩니다.

✕ : 자녀들이 독립하기 전까지 앞으로 몇 번이나 함께 저녁을 먹겠어요?

♡ : 제 고객들은 저녁에 한 식탁에 둘러앉아 대화를 나눠요. 날마다 서로에 대해 좀 더 잘 알게 되고 서로의 삶에 관심을 기울일 수 있죠. 요리하느라 힘을 빼는 시간이 줄었으니까요!

☆ : 마침 다음 주 목요일에 예약이 비어 있는데, 그날 한자리에 모이시겠어요?

고객에게 수락하거나 거절할 수 있는 제안을 하면 고객은 문제를 해결하기 위해 무엇을 해야 하는지 파악하고 스토리에 한 발 더 들일지 아니면 빠져나올지 결정할 수 있다.

거절이 끝은 아니다

물론 고객에게 그렇게 명확하게 행동을 촉구하면 그 전보다 더 많은 거절을 받게 될 것이다. 영업을 아무리 잘해도 구매하지 않는 고객이 있을 것이며 거절로 인해 대화가 껄끄러워질 수 있다.

하지만 이 상황은 쉽게 해결할 수 있다. 방문 요리사라면 이렇게 말하면 된다. '주변에 방문 요리사가 필요한 집이 있다면 알려주세요. 아직 두 집 더 맡을 수 있거든요. 제 얘기는 이쯤하고, 그쪽은 어떤 일을 하시나요?'

이미 스토리를 명확하게 전달했으므로 더 이상 영업할 필요가 없다. 영업의 핵심은 강요가 아니라 명확성이다. 화제를 돌리면 거절로 인한 불편함이 누그러진다. 거절한 고객을 안심시키는 것이다. 판매자가 조금도 개의치 않아야 고객도 마음이 불편하지 않다. 오히려 당당하게 구매를 요구한 점을 높이 살 것이다. 성공한 사람들 대부분은 거절을 두려워하지 않는다. 결국 고객은 판매자가 해결할 수 있는 문제가 없었을 뿐이다. 잘됐다. 이제 고객은 문제가 생기면 누구에게 연락해야 할지 안다. 게다가 같은 문제를 겪는 지인이 있다면 판매자를 추천할 수 있다.

더 좋은 점도 있다. 명확하게 행동을 촉구하면 이전보다 거절을 더 많이 받겠지만 수락도 더 많이 받는다. 이전보다 더 많은 사람이 구매를 결정해서 왼쪽 엔진이 비즈니스의 추진력을 끌어올릴 수 있다. 명확하게 구매를 요구하면 매출이 눈에 띄게 늘어날 것이다.

행동 촉구 메시지를 외워라

도형 코드를 바탕으로 만든 '고객이 주인공이다' 세일즈 피치를 익히면 스토리를 그때그때 변주할 수 있다. 하지만 한 줄 대사만큼은 외우라고 권하고 싶다. 바로 행동 촉구 메시지다.

명확한 행동 촉구는 쉽게 나오지 않는다. 돈을 요구하는 상황에서는 누구나 약간 소심해지기 마련이다. 미리 외워둔 한 줄 대사가 있으면 행동을 촉구하기 훨씬 쉽고, 반복할수록 자연스럽게 나온다.

아마 그 공항의 시계 판매원은 이미 수천 명에게 '기내에 들고 타실 수 있게 포장해드릴까요?'라고 물었을 테고 그중 많은 사람이 나처럼 '그렇게 해주세요'라고 대답했을 것이다. 나는 그 시계를 사서 매우 만족하기 때문에 판매원이 그렇게 자연스럽게 물어줘서 지금도 고맙다.

제품이나 서비스에 자신이 있다면 당당하게 구매를 요구하라.

이 장에서 소개한 '고객이 주인공이다' 세일즈 피치의 여섯 가지 도형 코드를 머릿속에 잘 새기면 고객을 구매로 이끄는 대화가 완성될 것이다. 예의 그 방문 요리사는 완벽한 세일즈 피치로 단기간에 많은 고객을 확보할 것이다. 나아가 활동 지역을 늘리고 더 많은 요리사를 고용해 수천 달러를 벌 수도 있다. 다시 강조하지만, 이 세일즈 피치의 본질은 구매 강요도, 판매도 아니다. 바로 명확성이다. 고객에게 제품을 이용해 문제를 해결할 수 있다는 확신을 주면 거래가 성사될 것이다.

고객을 주인공으로 만들어 왼쪽 엔진 강화하기

'고객이 주인공이다' 세일즈 피치에 대해 확신을 심어줄 작은 과제가 있다. 세일즈 피치를 이용하여 백만 불짜리 영업 이메일을 써보는 것이다.

'고객이 주인공이다' 세일즈 피치

○: 문제로 대화 열기

△: 판매 제품을 해결책으로 포지셔닝하기

□: 고객에게 단계별 계획 제시하기

×: 손실 제시하기

♡: 이득 예고하기

☆: 고객에게 행동 촉구하기

'고객이 주인공이다' 세일즈 피치 스크립트를 작성한 뒤 그에 따라 영업 이메일을 써서 잠재 고객들에게 보내라. 이 작업만으로도 운영 계좌에 수천 달러가 들어와서 비즈니스를 성장시키기가 얼마나 간단한지 깨닫게 될 것이다.

나 역시, '고객이 주인공이다' 세일즈 피치의 효과를 크게 누린 경험이 있다. 몇 년 전 비즈니스 규모가 훨씬 작았을 때 나는 영업 담당자를 고용할지 말지 고민했다. 나름대로 판매 경로가 있고 고객을 찾아 서비스를 제공하는 데 별문제가 없었기에, 영업 담당자를 고용하는 것은 불필요한 위험을 감수하는 일 같았다.

하지만 곰곰이 생각해보니 보통 영업 직원은 기본급이 적은 대신 성과보수 비중이 크다. 영업 직원이 충분히 성과를 내야만 급여 지출이 늘어나므로 부담이 적다. 그래서 나는 영업 담당자를 고용하기로 했다.

너무나 현명한 결정이었다. 새 영업 담당자가 '고객이 주인공이다' 세일즈 피치를 적극 활용해 마케팅과 시너지 효과를 내면서 매출이 두 배 가까이 뛰었기 때문이다.

요즘도 우리 회사 전체 매출의 절반 이상을 소규모 영업팀이 담당하고 있다. 영업팀이 꾸준히 고객 피드백을 수집해서 날개의 강도와 크기를 키우는 신제품을 개발할 수 있었다.

만약 수요가 있는데 영업 담당자를 고용할지 말지 고민하고 있다면 고용하기를 권한다. 다만 고객을 주인공으로 만드는 법을 아는 영업인이어야 비행기가 더 멀리, 더 빨리 나아갈 수 있다.

제품
Products

제품군 최적화로 매출
끌어올리기

4단계에서 해결할 수 있는 문제들

- 어떤 제품이 가장 많은 수익을 내고 있는지 모른다.
- 수익성을 높일 새 제품이 필요하다.
- 고객들이 제품을 점점 지루해한다.
- 공들여 출시했는데 제품이 팔리지 않는다.
- 더 많은 현금이 되도록 빨리 필요하다.
- 기존 고객에게 더 많은 제품을 판매할 프로세스가 미비하다.

수익을 책임지는
제품 관리법을 사용하라

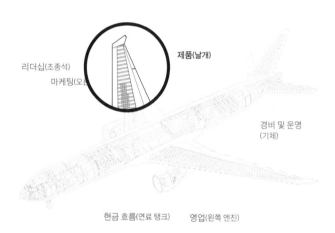

리더십(조종석)
마케팅(오른쪽 엔진)
제품(날개)

경비 및 운영
(기체)

현금 흐름(연료 탱크)   영업(왼쪽 엔진)

좌우 엔진이 아무리 강력해도 날개가 없으면 비행기가 떠오를 수 없다.

마케팅과 영업은 제품이 있어야 작동한다. 무슨 제품인지, 어떻게 만들어졌는지, 다른 제품과 묶을 수 있는지, 수익성이 얼마인지는 모두 비즈니스의 성패에 영향을 미친다.

수요와 수익성이 없는 제품은 몸체보다 훨씬 작은 날개를 가진 비행기와 마찬가지다. 그 비행기가 날 수 있을까? 마케팅과 영업 엔진이 부실한 날개를 보완해 비행기를 떠올릴 만큼 매우 강력해야만 겨우 가능할 것이다.

날개의 크기와 강도를 키우려면 제품군을 최적화하고 잘 팔리는 제품에 집중해야 한다. 그러면 비행기가 훨씬 더 높이 뜰 것이다.

6개월 안에 매출을 25퍼센트 늘려야 한다면 가장 먼저 어떤 조치를 취하겠는가? 아마 마케팅과 영업 엔진을 강화할 것이다. 물론이다. 엔진의 출력을 높이면 비행기가 더 빨리 날 수 있으니까. 하지만 이 선택지를 제거한다면? 매출을 25퍼센트 늘려야 하는데 마케팅이나 영업에 손을 댈 수 없다면 어떻게 해야 할까? 이 경우 사업자 대부분에게는 하나의 선택지만 남는다. 제품군을 최적화하는 것이다.

비즈니스를 성장시키고자 하면서 제품군을 개선하지 않는 사업자가 많다. 이는 실수다. 제품군을 최적화하면 수백, 수천만 달러의 수익을 올릴 수 있다.

최근 나는 내가 진행하는 팟캐스트에서 댄스 학원을 함께 운영하는 두 여성과 이야기를 나눴다. 내가 어떻게 사업을 확장할 생각인지 묻자 그들은 프랜차이즈 형태로 다른 지점을 내고 싶다고 했다. 그 말은 내 귀에 이렇게 들렸다. '일단 비행기의 몸체를 키우자!' 물론 그런 식으로도 수익을 늘릴 수 있지만 엄청난 추가 경비가 발생한다.

가장 많은 수익을 내는 상품을 물었더니 어린이를 위한 초급 댄스반과 브레이크 댄스 수업이라고 했다.

"브레이크 댄스 강습비는 얼마인가요?" 내가 물었다.

"6회 수업에 250달러 정도예요."

"그게 6주 수업의 값어치인 거죠?"

"네. 우리 강사가 90분짜리 수업을 6번 진행해요."

이어서 강사의 수입이 얼마인지, 각 수업에 몇 명이 등록하는지 들어보니 수익성이 그리 좋지 않았다. 그런데도 그들은 현재 수익 모델을 복제해 다른 지점을 내는 것이 유일한 사업 확장 방법이라고 생각했다.

사실 대부분의 사업자가 그렇게 생각한다. 그러나 제품군 최적화의 핵심은 '어떻게 하면 지금과 똑같이 일하면서 2배, 5배, 10배의 수익을 창출할 수 있을까?'이다.

황당하게 들리는가? 전혀 그렇지 않다. 똑같이 일하면서 고객에게 2배, 5배, 10배의 가치를 제공할 방법을 찾아내기만 하면 된다.

나는 댄스 학원 운영자들에게 요즘 SNS에서 유행하는 댄스 챌린지 영상을 아느냐고 물었다. 알 수밖에 없다. 피드를 스크롤하면 혼자 또는 단체로 춤을 추는 사람들이 줄줄이 나온다.

"이렇게 하면 어떨까요?" 내가 제안했다. "대기업에 방문해 전 직원에게 춤을 가르치고 그 영상을 찍어주는 대가로 1만 달러를 청구하는 거예요. 어려울까요?"

"어렵진 않죠. 사람들에게 춤을 가르치는 일이 바로 우리가 하는 일인걸요."

"네, 지금은 수강생을 일일이 모집해야 하고 건물 임대료도 내야 하죠. 기업을 상대로 하면 훨씬 이득이에요. 대기업은 단합을 다질 단체 활동을 원해요. 게다가 사내에서 찍은 영상을 SNS에 올려서 기업 이미지를 홍보할 수 있죠. 누구나 즐거운 사내 문화가 있는 직장에서 일하고 싶어 하잖아요. 인재 채용에도 유용할 거예요."

방금 댄스 학원 운영자들은 지금과 동일한 일을 하면서 수익을 5배 이상 올릴 방법을 알아냈다. 대기업에게도 이 거래는 효율적인 단합 행사일 뿐 아니라 좋은 홍보 및 채용 수단이 될 수 있다. 이만한 가치에 1만 달러는 정말 저렴하다. 학원은 제품 자체의 비용을 올리지 않고도 가치를 크게 높였다.

팟캐스트의 또 다른 게스트는 웨딩 플래너였다. 결혼식 한 번에 상당한 수익을 올리지만 1인 사업이라 성장에 한계가 있었다. 우리는 이야기 끝에 '나만의 웨딩 플랜'이라는 상품을 고안해냈다. 5000달러를 내면 고객이 단계별 동영상의 안내를 따라 식장 선택, 케이터링 업체 예약, 메뉴 선정에 이르기까지 결혼식을 전부 계획할 수 있다. 그리고 다른 예비부부들과 함께 매주 90분씩 플래너와 대면 상담을 진행하면서 궁금한 점이나 우려 사항을 해소할 수 있다. 이로써 웨딩 플래너는 매주 90분만 추가로 투자해 한 번에 10~15건의 결혼식을 동시에 계획할 수 있게 되었다.

비행기의 날개를 키우는 또 다른 아이디어는 일대일 맞춤 서비스다. 한때 나는 한 의사의 권유로 매달 정기 이용료를 내고 주치의 서비스를 받았다. 의사가 담당하는 환자 수를 줄이고 환자 한 명 한 명에게 더 집중하겠다는 취지의 서비스였다. 진료를 받을 때마다 식단, 운동, 건강 상태, 가족력에 관해 의사와 느긋하게 상의할 수 있었다. 물론 적지 않은 비용이었지만 나는 건강을 꽤 신경 썼기에 그만한 가치가 있었다.

우리는 비행기의 날개를 더 강하고 가벼우면서 크게 만들 수 있다. 좀 더 세심한 서비스에 프리미엄을 붙이거나, 여러 제품을 한데 묶어 패키지를 만들거나, 전문 지식을 온라인에 유료로 게재하거나, 구독 서비스를 제공하고 월별 정보 이용료를 청구할 수 있다.

이렇게 제품에 맞는 제품군을 최적화하기 위해서는 제품군 최적화 3단계 작업을 수행해야 한다.

1단계는 제품의 수익성을 평가하는 것이다. 현재 제품군에서 어떤 제품이 수익을 내고 어떤 제품이 경비를 증가시키는지 객관적으로 평가하면 마케팅과 영업 에너지를 어디에 집중해야 하는지 판단할 수 있다.

2단계는 새로운 제품을 내놓을 수 있는지 따져보는 것이다. 이 작업은 날개의 표면적을 넓힐 수 있다.

3단계는 제품 기획안을 이용해 어떤 제품을 개발할지 결정하는 것이다. 제품 기획안이란 신제품 아이디어가 있을 때 작성하는 문서다. 신제품 개발로 이득을 볼지, 아니면 귀중한 시간과 비용과 노력을 낭비하게 될지 판단할 수 있다.

이 세 가지 작업을 정기적으로 실행하면 비행기의 날개가 비행에 최적화된다. 수십억 달러 규모의 대기업들은 경쟁에 발맞추고 수시로 변하는 고객의 요구에 부응하기 위해 끊임없이 새롭고 더 나은 제품을 만들어내려고 애쓴다. 소규모 비즈니스도 유사한 프로세스를 도입해 제품군을 최적화해서 매출과 수익을 끌어올릴 수 있다.

제품군 최적화 1단계:
수익성 평가하기

사업을 하다 보면 어떤 제품이 수익을 늘리고 어떤 제품이 경비를 늘리는지 파악하지 못하는 경우가 많다. 수익성이 없는 제품을 파는 것은 판자 두 쪽을 날개랍시고 묶어 놓고 비행기가 떠오르기를 바라는 것과 같다. 제대로 된 날개가 없는 비행기는 비행 자체가 불가능하다. 날개를 가볍고 튼튼하게 유지하려면 제품이 수요와 수익성을 갖춰야 한다.

제품군을 최적화하기 위한 첫 번째 단계는 수익성이 가장 높은 제품부터 가장 낮은 제품까지 순위를 매기는 것이다. 그래야 어떤 제품이 실제로 수익을 내고 있는지 파악할 수 있다.

수많은 제품을 판매하는 소매점이라면 이 작업이 너무 복잡할 것이다. 하지만 매출의 50~80퍼센트를 차지하는 상위 50위까지는 쉽게 매길 수 있을 것이다.

수익성에 따라 제품의 순위를 매기는 작업을 통해 사업자는 수익이 실제로 어디서 나오는지, 마케팅과 영업 에너지를 어디에 더 집중해야 하는지 알 수 있다.

제품에 순위를 매길 때 고려할 사항은 다음과 같다.

1. 원자재 비용은 얼마인가?
2. 이 제품의 제작, 마케팅, 영업에 드는 인건비는 얼마인가?
3. 제품에 유효 기간이 있는가? 그렇다면 기간 만료 시 미판매 재

고가 제품 가격에 어떤 영향을 미치는가?

당신이 궁극적으로 찾는 숫자는 '매출 원가'라고 할 수 있다. 즉 해당 제품의 가격과 해당 제품을 생산, 지원, 판매하는 데 드는 비용의 차액이다.

제품을 평가하기 위해 거쳐야 할 절차는 다음과 같다.

1. 판매하는 모든 제품을 화이트보드나 종이에 나열하라. 제품이 수천 개라면 상위 50개까지만 나열하라.
2. 직감에 따라 수익성이 높은 순서를 매겨라.
3. 실제 수익성을 알아내고 직감이 옳았는지 확인하라.

경영진과 함께 작업해도 좋다. 수익성 여부에 대한 관점이 각각 다를 것이다.

'제품 수익성 감사 워크시트'를 사용해 제품군 최적화 1단계 작업을 수행해볼 수 있다.

실제로 수익을 내는 제품과 그렇지 않은 제품을 파악한 뒤에는 다음과 같은 어려운 질문을 던져야 한다.

1. 수익성이 별로 없는 제품을 생산, 홍보, 판매하는 데 자원을 얼마나 낭비하고 있는가?
2. 이러한 제품의 판매를 일부나마 중단할 수 있을까?
3. 마케팅과 영업 활동이 제품의 수익성에 기여하는가?

PRODUCT PROFITABILITY AUDIT WORKSHEET

제품 수익성 감사 워크시트

제품명	생산 비용	판매 및 마케팅 비용	유통 비용	추가 지원 비용	단위당 총 수익

4단계 제품

4. 수익성이 가장 높은 제품을 어떻게 더 지원할 수 있을까?

이런 질문들도 경영진과 함께 모여 공유하면 더욱 도움이 될 것이다.

이미 잘 팔리는 제품을 더 많이 팔 수 있을까?

사업자는 종종 수익을 늘리기 위해 새로운 제품을 출시해야 한다고 생각한다. 그럴 만도 하다. 한 제품이 높은 수익을 내면 또 다른 제품도 같은 방법으로 팔고 싶어진다. 그리고 또 다른 제품도.

하지만 이 방식은 시장이 완전히 포화 상태에 이르렀을 때만 효과적이다. 새 제품 출시를 고려하기 전에 이미 잘 팔리는 제품을 더 잘 파는 법을 고민해보자. 한마디로 물 들어올 때 노 젓자는 것이다. 사업 확장에 필요한 자금이 눈앞에 있을지도 모른다.

가령 반려동물용품점에서 특정 브랜드의 개 사료로 큰 수익을 올리고 있다면, 주문량을 두 배로 늘려 더 잘 보이게 진열하고, 영업 이메일에 해당 사료를 추천하고, 매장 쇼윈도에 해당 사료를 쌓아 두고, 개껌을 사러온 손님에게 해당 사료가 얼마나 좋은지 설명하는 것이다.

특정 제품으로 유명해졌다면 또 다른 제품으로 유명해지는 것보다 해당 제품을 더 많이 파는 것이 훨씬 수월하다.

수익이 나지 않는 제품은 과감히 포기하자

잘 팔리는 제품을 두 배로 늘렸다면 안 팔리는 제품을 과감히 버리는 것을 고려해보자. 껌을 팔아서 얼마 못 벌어도, 껌을 사려고 매장에 들어온 고객이 종종 커다란 음료수도 사기 때문에 껌은 수익성이 좋다고 할 수 있다. 하지만 그런 미끼 상품을 제외하면 정신적, 재정적 에너지를 너무 많이 차지하는 제품은 버려도 된다.

스토리텔링 기법에는 이런 격언이 있다. '개인적인 감정을 배제하라Kill your darlings.' 수많은 명작의 탄생을 뒷받침한 이 격언은 비즈니스에도 적용된다. 안 팔리는 제품에 더 이상 귀한 마케팅 자원과 영업 자원을 낭비하지 말고 팔리는 제품에 집중하면 날개가 더 커져서 비행기가 더 잘 떠오를 수 있다.

아무리 강조해도 지나치지 않다. 제품군 종류를 간소화하라.

제품군 최적화 2단계: 새로운 제품 추가하기

수익성에 따라 제품의 순위를 매기고 상위권 제품에 집중하는 것이 첫 번째 단계였다면, 두 번째 단계는 가장 잘 팔리는 제품에 견줄 만한 새로운 제품을 만드는 것이다.

새로운 제품을 구상할 때 먼저 고려할 점은 이거다. 고객에게 가장 큰 가치를 제공하는 제품은 뭘까?

사람들이 기꺼이 더 많은 돈을 내고자 하는 제품에는 여러 유형이 있다. 다음은 성공한 기업들이 제공하는 프리미엄 제품의 여섯 가지 유형이다. 제품군 확장 시 참고하면 좋다.

1. **수익형:** 고객이 돈을 버는 데 도움이 되는 제품은 수익 가치가 있는 제품이다. 가령 독점 영업권(프랜차이즈)을 판다면 수익형 비즈니스를 파는 것이다. 컨설팅, 코칭, 도매 상품, 광고 대행, 자격증 취득 및 교육 프로그램 모두 고객이 돈을 벌 수 있도록 돕는 제품이다. 이는 결국 고객에게 큰 수익으로 돌아올 투자 상품이기에 더 높은 가격을 책정할 수 있다.

2. **비용 절감형:** 구매자가 제품 덕분에 큰 비용을 절감할 수 있다면 절감액의 일정 비율을 판매자에게 기꺼이 지불할 것이다. 예를 들어 장기적으로 에너지 요금을 수천 달러 절약할 수 있는 태양광 패널 제품을 파는 경우 고객이 절약한 금액의 일정 비율을 요구할 수 있다. 고객이 큰 비용을 절감할 수 있는 거래를 중개하는 경우도 마찬가지다.

3. **좌절감 해소형:** 현대인의 스트레스나 불안을 덜어주는 제품이다. 시간 부족, 정리 정돈 부족, 지식 부족 때문에 좌절을 겪는 사람이 많다. 반려견 산책과 같은 간단한 서비스부터 치료나 상담 등 전문적인 서비스까지 이 유형에 속한다.

4. **지위 향상형:** 롤렉스와 품질이 동급인 시계는 많지만 사람들은 자신의 성공이나 성취를 인정하는 수단으로 롤렉스를 선택한다. 고급 자동차, 호텔 스위트룸, 레스토랑의 특정 테이블도 높

은 지위를 드러내는 프리미엄 제품의 예다.

5. **유대감 형성형**: 관심사가 같은 사람들로 구성된 커뮤니티는 무리를 이루고자 하는 인간의 욕구를 해소할 수 있다. 자신과 비슷한 문제나 야망을 지닌 사람들과 유대감을 나눌 기회는 가치 있는 상품이다.

6. **간편화형**: 인간은 문제 해결을 원할 뿐 아니라 최대한 간편하게 해결하기를 원한다. 한 번의 결제로 고객의 주기적인 문제를 해결할 수 있다면 훌륭한 제품이다. 대부분의 구독 서비스가 이 유형에 속한다. 나 대신 누군가가 주기적으로 잔디를 깎아주거나 책을 정리해주어서 내 생활이 간편해진다면 나는 기꺼이 돈을 낼 것이다.

지금 바로 수익성을 끌어올릴 수 있는 세 가지 영역

수요가 좋은 프리미엄 제품 유형 여섯 가지를 파악했으니 이제 이러한 제품을, 가장 큰 가치를 제공하고 가장 높은 수익을 올리도록 구성할 차례다. 다음은 좋은 아이디어 세 가지다.

1. **구독**: 휴지, 사료, 음식, 금융 자문 그 무엇을 팔든 제품을 일일, 주간, 월간 구독으로 전환하라. 반려동물용품점이라면 고객이 선택한 주기에 따라 사료를 배송할 수 있다. 고객은 편리함을, 판매자는 꾸준한 수익을 보장받을 수 있다.

2. **교육**: 전문 기술이나 지식을 파는 경우 자격증 취득 프로그램을 만드는 것은 어떤가? 거의 모든 직종에서 자격증을 중시하

므로 그에 맞춘 교육 프로그램을 제공하여 수익화할 수 있다. 지난 20년간 홈 가드닝 컨설턴트 지망생들에게 조언을 해왔는가? 당신의 전문 지식을 활용해 자격증 취득 프로그램을 만들어라.

3. **패키지 상품**: 고객이 제품을 구매하는 이유는 문제를 해결하기 위해서다. 파티용품점을 운영한다면 플래카드, 종이 접시, 고깔모자 등이 포함된 '어린이 생일파티 패키지'를 파는 것이다. 풍선과 플래카드를 사려고 방문한 고객은 단 한 번의 구매로 복잡한 문제(우리 아이 생일파티를 어떻게 꾸며야 할까?)를 해결할 수 있다. 고객이 원할 만한 솔루션을 파악해서 패키지를 만들어라. 여행사라면 '낭만적인 밸런타인 데이 패키지'를 구성할 수 있다. 창의력을 발휘하라! 고객은 제품이 아닌 솔루션을 원한다.

제품군 최적화 3단계: 제품 기획안 구성하기

소규모 비즈니스를 운영한다면 비교적 의사 결정을 빨리 내릴 수 있다. 느린 결재 속도와 시장성 테스트에 얽매인 대기업과 달리, 어제 없던 서비스를 오늘 내놓을 수도 있다.

하지만 비즈니스 규모가 커질수록 그런 자율성은 오히려 걸림돌이 된다. 직원이 많을수록 빠른 변화와 적응이 어려워지기 때문이다.

조직의 규모가 커지면 리더가 어떤 결정을 내릴 때마다 구성원들은 우왕좌왕하기 쉽다.

해답은 제품 기획안을 사용하는 것이다.

자유분방한 기업가라면 제품 기획안을 작성하는 일이 엔진에 시럽을 붓는 것만큼 비효율적으로 느껴질 수 있다. 이해한다. 나도 제품 기획안을 처음 도입했을 때 일의 진척만 더뎌질 줄 알았다. 제품 기획안의 목적은 의심을 불러일으키는 것이다. 제품 기획안에 담긴 모든 질문을 통과하면 최적의 제품을 내놓을 수 있다.

제품 기획안 프로세스를 도입하면 제품이나 서비스를 출시하기 전에 1~2주 동안 실사due diligence를 진행하게 된다. 그로써 새로운 제품 출시가 혹시 기존 수익원을 방해하는지, 고객들에게 혼란을 주는지, 수익성과 지속 가능성이 있는지, 경비를 부풀려서 득보다 실이 더 큰지 분석할 수 있다.

즉흥적이고 변덕스러운 사업 추진은 리더가 자유를 만끽하는 방법일지 몰라도 회사 안의 직원들은 좌절감만 느낄 뿐이다. 새로운 제품을 만들기로 해놓고 리더가 일주일 후에 방향을 바꾸고 한 달이 지나 완전히 잊어버리면 직원들은 힘이 쭉 빠질 것이다. 그뿐 아니라 계획을 신중히 분석하고 시장성을 철저히 검토하지 않으면 아마추어처럼 시간을 낭비하게 된다. 이는 비즈니스 자체의 가치를 떨어뜨린다.

내가 아는 한 사업자는 어느 날 직원 일동에게 뼈아픈 편지를 받았다. 그가 너무 즉흥적이고 일관성이 없어서 함께 일하기 힘들다며 일부 업무의 체계화를 제안하는 내용이었다. 하지만 그는 일언반구 없이 그 직원들을 모두 해고했다. 그중 몇 명은 10년 동안 그를 위해 성실히 일한 직원이었다. 이제 그의 곁에는 더 적은 월급을 받고 소극적으로 일하는 신입 사원들만 남았고, 그는 아직도 이런저런 제품을 개발하겠다며 큰소리만 치고 있다.

독단적인 경영자는 업무 체계화를 싫어한다. 나도 한때 통제광이었기에 잘 안다. 솔직히 말해서 내 팀원들이 나보다 더 똑똑하고 많은 고객과 더 긴밀한 관계를 맺고 있으며 과거에 내가 한 실수를 나보다 더 잘 기억한다는 사실을 깨닫지 못했다면 여전히 통제광으로 남았을 것이다. 내가 제품 기획안 프로세스를 따르는 것은 내가 좋은 상사이자 경영자여서가 아니라(희망 사항이지만), 그것이 더 큰 성공의 토대이기 때문이다.

제품 기획안에서 내가 받는 피드백은 이런 식이다. '이 아이디어를 실행에 옮기면 연초에 발표한 사업 목표와 일관성이 없을 것이다.' '고객들이 우리의 정체성을 혼란스러워할 수 있다.' '이 아이디어를 실험하느라 가장 수익성 높은 제품에 집중할 시간을 빼앗길 것이다.'

그런가 하면 제품 기획안이 이미 좋은 아이디어를 더 좋게 발전시킨 적도 많다. 요점은 이거다. 제품 기획안은 신제품 출시에 시간과 비용을 투자하기 전에 값진 피드백을 제공한다.

부정적 피드백을 받는다고 해서 꼭 그 아이디어를 폐기해야 하는 것은 아니다. 오히려 계획을 진행하기에 앞서 제거해야 할 리스크를 알려주는 경우가 많다.

제품이든, 서비스든, 마케팅 계획이든 새로운 아이디어는 비즈니스의 벽을 메꾸는 벽돌과도 같다. 무작정 실행에 옮기면 비즈니스를 빠르게 구축할지언정 곳곳에 허점이 생길 것이다. 물론 제품 기획안을 작성하느라 일상 업무가 느려질 수 있지만 장기적으로 비즈니스가 더 굳건하게 발전할 것이다.

비행기 제조사는 실제로 날개를 비행기에 달기 전에 풍동wind tunnel(인공 바람을 일으켜 공기의 흐름이 물체에 미치는 영향을 실험하는 터널형 장치)에서 다양한 날개 디자인을 실험한다. 설계를 약간만 조정해도 연비가 늘어나고 항력이 줄어들 수 있다. 풍동 실험실이 없다면 오직 날개의 성능을 실험하기 위해 비행기 전체를 제작해야 할 것이다. 이는 엄청난 낭비다.

제품을 출시하기 전에 제품 기획안이라는 풍동 실험을 통과시켜라.

제품 기획안 워크시트를 적극 활용하라

제품 기획안은 제품에만 활용할 수 있는 것이 아니다. 이제 우리 회사에서는 새로운 마케팅 아이디어에도 제품 기획안을 사용한다. 그전의 마케팅 실패 사례들을 돌이켜보면, 제품 기획안 워크시트로 간단히 '테스트'할 수 있었던 아이디어를 실험하느라 너무나 많은 시간을 낭비했다.

효과적인 제품과 마케팅 전략, 안정적인 조직 문화를 만들고 싶다면 지금 바로 제품 기획안 프로세스를 도입해야 한다.

제품의 유형이나 마케팅 전략에 따라 워크시트를 유연하게 재구성하고, 중요한 결정에 앞서 팀원들과 신중하게 논의하라.

제품 기획안 워크시트

기획자: _____

제품명

1. 제품명은 무엇인가? _____

2. 제품명이 제품을 잘 설명하고 제품의 가치를 강조하는가?

_____

3. 제품명이 혼란스럽거나 시장에서 문제를 일으킬 소지가 있는가?

_____

_____

제품 설명

1. 이 제품이 고객의 어떤 문제를 해결하는가?

_____

_____

2. 이 제품이 고객의 문제를 어떻게 해결하는가?

_____

_____

3. 고객이 이 제품을 사용해 얻을 수 있는 혜택을 설명하라.

_____

_____

4. 이 제품의 특장점을 설명하라.

_____

_____

_____

핵심 메시지

1. 누구에게 판매할 것인가?

_____

2. 이 제품이 타겟 시장에 접근할 수 있는가? 그렇다면 어떻게 접근해야 하는가?

_____

_____

3. 마케팅 자료에 고객의 문제를 어떻게 정의할 것인가?

_____

_____

4. 우리의 '킬링 한 줄'은 무엇인가? (우리의 일과 브랜드를 설명하는 한 줄)

_____

고차원 마케팅 조사

1. 시장에서 이 제품에 대한 수요가 입증되었는가?

_____

_____

2. 고객 수요 조사를 실시했는가? 어떤 질문을 했고 결과는 어땠는가?

_____

_____

3. 이 제품을 출시한다면 경쟁 제품은 무엇인가?

_____

_____

　　1) 경쟁 제품보다 가격이 높은가? 낮은가?

_____

　　2) 경쟁 제품보다 우리 제품이 더 나은 이유는 무엇인가?

_____

재무

1. 이 제품의 가격은 얼마이며 어떻게 결정된 가격인가?

2. 출시하기까지 비용은 얼마나 들까? 유지보수 비용은 얼마나 들까(인력을 충원해야 하는가? 기술 지원을 더 받아야 하는가)?

3. 이 제품과 관련된 수익은 누가 관리할 것인가?

매출 예상치(현재 고객 기준)

1. 30일, 60일, 90일 판매 목표는 얼마인가?

2. 이 제품과 관련된 첫해 매출 예상치는 얼마인가?

3. 첫해 판매 목표 수량은 얼마인가?

제품 검증

1. 이 제품이 기존 제품에 문제를 일으킬 소지가 있는가?

2. 이 제품이 기존 고객이나 미래 고객의 심기를 불편하게 하지는 않을까? 그렇다면 그 이유는 무엇인가?

_____

_____

주요 날짜

1. 이 제품은 언제 출시되는가?

_____

2. 이 제품의 상세 페이지는 언제 제작되는가?

_____

3. 고객에게 사전 출시 공지는 언제 하는가?

_____

영업 및 마케팅 계획

1. 이 제품의 주요 영업 및 마케팅 구성 요소는 언제 확정되는가?

    1) 킬링 한 줄: _____

    2) 상세 페이지: _____

    3) 고객 유치용 무료 콘텐츠: _____

    4) 구매 유도 이메일: _____

    5) SNS 자료: _____

결국 제품이 비즈니스의 발전과 수익을 책임진다

아직도 많은 사업자가 제품을 밀어내기 식으로 시장에 내놓고 있다. 지금부터 최적의 제품을 시장에 내놓으면 수익을 빠르게 개선할 수 있을 것이다. 정리해보자.

1. 수익성에 따라 제품 순위를 매기고, 수익성이나 수요가 적은 제품은 과감히 정리하라.
2. 매출과 수익을 높여줄 새로운 제품을 고객에게 선보여라.
3. 새로운 제품과 마케팅 전략의 성공을 보장하는 제품 기획안을 꾸려라.

지금까지 비즈니스의 미션을 세우고, 마케팅 및 영업 공식을 익히고, 제품군을 최적화하여 비즈니스에 활력을 불어넣었다면, 이제 비행기의 무게를 줄일 때다. 다음 단계는 관리 및 생산성 간소화 전략을 통한 경비 및 운영 효율화다.

경비 및 운영

Overhead and Operations

간소화 전략으로 생산성과
효율성 높이기

5단계에서 해결할 수 있는 문제들

- 직책이 너무 많다.
- 팀원들이 정기적인 피드백을 받지 않는다.
- 조직 문화가 제대로 갖춰지지 않았다.
- 경영진의 통솔력이 부족하다.
- 회의가 너무 많아서 생산성이 떨어진다.
- 팀원들의 집중력이 부족하다.

'선택과 집중'에도 노하우가 필요하다

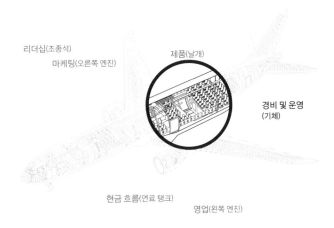

리더십(조종석)
마케팅(오른쪽 엔진)

제품(날개)

경비 및 운영
(기체)

현금 흐름(연료 탱크)
영업(왼쪽 엔진)

기체의 크기와 무게를 날개와 엔진이 지탱하지 못하면 비행기는 추락하고 만다. 비행기가 날아다니는 연필처럼 생긴 것도 그 때문이다. 비행기에 필요한 동력과 연료의 소모를 줄이기 위해 기체는 최대한 작고, 가늘고, 가벼워야 한다.

비즈니스도 마찬가지다. 제품과 영업과 마케팅으로 얻는 이윤은 운영에 필요한 경비를 충당하고도 (이왕이면 많이) 남아야 한다.

비행기가 잘 날려면 날개는 더 크게, 좌우 엔진은 더 강하게, 기체는 더 가볍게 만들어야 한다. 즉 비즈니스가 성공하려면 영업 및 마케팅을 강화하고 제품의 수익성을 높이고 경비를 낮춰야 한다.

그렇다면 어떻게 경비를 낮출 수 있을까?

당장 내일부터 경비를 20퍼센트 줄여야 한다면 어떻게 하겠는가? 아마 대다수의 사업자가 법인 카드 명세서를 살펴보고 월간 구독서비스나 영업 담당자의 법인 카드 지출부터 줄이려 할 것이다. 물론 좋은 방법이지만, 절약은 부차적인 문제다. 대부분의 소규모 비즈니스에서 경비가 걷잡을 수 없이 증가하는 원인은 따로 있다. 바로 인건비다.

기술료와 임대료도 비쌀 수 있지만 비행기를 가장 빨리 추락시키는 요인은 인건비다. 1인 기업이라 하더라도 용역이나 외주를 많이 이용한다면 인건비 때문에 기체가 더 무거워진다. 경비는 눈덩이처럼 불어나 비즈니스를 침몰시킬 수 있다.

나는 다른 사업자들이 직원 관리에 난항을 겪은 이야기를 많이 들어왔다. 사업이 잘되니 일단 직원들을 몇 명 고용했으나, 관리에 어려움을 겪으며 중요한 일에 집중하지 못했다는 이야기였다. 심지어 직원을 고용하고 사업이 내리막길을 타서 어쩔 수 없이 일부 직원을 해고해야만 했다는 사업자도 있었다.

경비의 가장 큰 비중을 차지하는 인건비를 어떻게 줄일 수 있을까? 사실 사람을 내보내는 것이 답일 수도 있다.

실제로 대기업이 경영 정상화를 위해 가장 먼저 하는 일은 인력

감축이다. 사무실 공간을 축소하고 기술을 효율화하는 일은 나중에 이뤄진다. 보통 인건비가 관건이기 때문이다.

어려운 일이지만 회사의 미래를 위해서는 냉정해질 필요가 있다.

잠깐.

그런데 모든 탑승객이 비행기의 추진력에 기여한다면 어떨까? 모든 인력이 수익을 떠받치는 조직이 된다면 인건비는 지출이 아닌 투자로 전환될 것이다. 비행기의 나머지 영역들은 기체와 비례하여 성장할 것이다.

물론 자잘한 지출을 줄이는 것도 중요하지만, 관리 및 생산성 효율을 위한 전략을 마련하는 것이 가장 우선이다.

이 전략을 수행한다고 경비가 바로 줄어들지는 않는다. 당장 비행기가 추락하고 있다면 일부 직원을 해고해야 할 수도 있다. 괴로워도 비행기를 구하려면 어쩔 수 없다. 하지만 아직 여유가 있다면 모든 인력을 능률화해서 업무 처리 시간을 단축하고 경제적 목표에 집중해서 비행기의 추락을 막을 수 있다.

경제적 목표에 노동력을 집중하면 더 많은 자금이 들어온다. 그러면 날개, 엔진, 연료 탱크, 조종석이 기체의 무게를 감당할 수 있다. 최선은 인건비는 그대로 유지하면서 나머지 영역을 더 키우는 것이다.

경비 지출에 문제가 없더라도 효율적인 전략을 도입하면 직원들의 사기가 올라가고 고객도 더 세심하게 챙길 수 있다. 더불어 제품과 서비스의 품질이 나아지고 수익이 늘어난다.

해결이 안 될 것 같은 문제

내가 사업을 막 시작했을 때는 전략이 필요하지 않았다. 한 명뿐인 팀원과 아침마다 간단히 업무를 논의하면 되었다. 팀원이 한 명 더 추가되었을 때도 업무가 살짝 복잡해지긴 했지만 작은 사무실 안에서 원활하게 소통해서 큰 혼란은 없었다.

그러다 사업이 확장하면서 디자이너, 개발자, 카피라이터, 영상 제작자 등 프리랜서가 몇 명씩 추가됐다. 알다시피 외부 용역을 쓰면 워크플로Workflow를 통제하기가 더 어려워진다.

한 번은 프리랜서 한 명이 이미 무산된 프로젝트를 한 주 내내 진행했다는 사실을 뒤늦게 알게 된 적도 있다. 그 한 주간의 작업이 물거품이 된 것이다. 이렇게 워크플로가 통제가 안 될 때, 경비가 걷잡을 수 없이 불어나고 끝내 비즈니스가 무너진다.

안타깝게도 대부분의 사업자는 기체의 무게가 한계를 넘고 있을 때, 그 사실을 깨닫지 못한다. 조종석에 앉아 항로를 계획하느라 탑승객들이 어떤 혼란에 빠졌는지 모른다. 물론 직원들은 명확한 목표가 주어지지 않아도 열심히 일하고 심지어 일을 만들어내기도 한다. 하지만 자칫하다가는 회사가 바쁘기만 하고 딱히 쓸모없는 일만 하는 직원으로 가득 찰 수 있다.

나는 인력 관리를 위해 경영진 중 한 명을 COS(Chief of Staff)으로 승진시켰는데 그는 이전에 그 직책을 맡은 적도, 회사에 마땅한 직무 체계도 없었기에 결과가 좋지 않았다. 조종석은 항로를 계획하고 연료 탱크를 채우느라 바빠서 기체와 늘 따로 노는 것처럼 보였다. 팀원들은 여전히 무엇을 해야 하는지 갈피를 못 잡은 채 바삐 움직이기만 했다.

우리끼리는 해결할 수 없는 문제임을 깨닫고 대기업 임원 출신 전문가를 고용해 도움을 요청했는데, 이는 실수였다. 대기업은 이런 문제를 해결하고자 막대한 비용과 시간을 투입하지만, 소규모 비즈니스는 재정을 긴축적으로 운영해야 하며 이사회나 평가단, 채용 관행을 마련할 여유가 없다. 대기업과 달리 과도한 비용을 감당할 수 없다.

외부 컨설팅도 마찬가지였다. 관리 및 생산성 시스템을 설치하는 데 도움을 줄 컨설턴트를 고용하려면 연간 10만 달러에 달하는 비용이 들었다. 우리에게는 그만한 여유 자금이 없었다.

우리가 알아본 해결책들은 복잡하기도 하고 모두 대기업에 맞춰 고안된 듯했다. 당시 우리는 계약직 12명, 정규직 12명을 고용하고 있었다. 직원 수가 수백 명에 이르는 기업을 위해 마련된 관리 및 생산성 시스템을 적용할 수는 없었다.

우리에게 필요했던 것은 소규모 비즈니스를 위한 관리 및 생산성 전략이었다.

'관리 및 생산성 간소화'가 해답

전략의 시작은 나의 멘토이자 오랜 친구가 조종석에 앉고 나서부터였다. 그는 대기업 구조 조정 전문가였다. 애틀랜타의 한 대기업에서

3년간의 프로젝트를 마친 그에게 1년 동안 우리와 함께 소규모 기업을 위한 관리 및 생산성 전략을 만들 의향이 있는지 물었다. 그는 새로운 도전을 기꺼이 받아들였다. 그의 지휘 아래 우리는 관리 및 생산성 시스템을 자체적으로 고안했다.

단순하고 간편하며 효과적이었기 때문에 우리는 이 전략을 '관리 및 생산성 간소화 전략'이라고 불렀다.

그가 일하는 방식은 놀라웠다. 그는 직원들 곁에서 일하며 모두가 목표를 명확히 세우고 과제를 완수하도록 독려했다. 경영자라기보다 농구 코치 같았다. 팀원들을 불러 모아 작전을 짜고, 몇 분간 코트에 내보내 목표 범위 내에서 재량을 발휘하게 했다. 그러다가 분위기가 지나치게 자유로워지면 다시 목표를 되새기게 하고, 의견이나 불만이 있는지 묻고 전략을 조정한 뒤 다시 코트에 내보냈다.

마침내 회사가 성장하기 시작했다. 심지어 망하거나 위축되었어야 할 시기에도 성장했다. 그를 영입할 당시 우리 회사 수입의 75퍼센트는 우리의 스토리브랜드 워크숍에 참가하려고 전국 각지에서 날아온 고객들에 의존하고 있었다.

그런데 그가 합류하고 불과 몇 달 뒤 코로나19로 전 세계 하늘길이 닫히기 시작했다. 중국 전역이 봉쇄되자 미국도 그렇게 되리라는 소문이 돌았다. 소문의 진위와 상관없이 나는 경제 생태계가 곧 혼란에 빠지리라 직감했다. 마음이 착잡했다. 내 작은 비행기가 기적적으로 추락하지 않기를 바라면서도 불시착을 시도할 저수지라도 찾으려고 애썼다.

전 세계적으로 여행이 중단된 이런 상황에서 대면 코칭 업체인 우리가 지금까지 살아남을 수 있었던 이유는 하나다. 바로 관리 및 생산성 간소화 덕분이었다.

우리는 코로나19 셧다운 이후 1년을 3주씩 나눈 뒤 매주 경제적 목표 한 가지에 집중했다. 대면 행사를 온라인으로 전환하고(수년간 고객들이 요청해온 사항이기도 했다) 마케팅 메시지를 팬데믹 극복이라는 대의에 맞춰 수정했다.

팬데믹으로 인해 긴박감이 더해졌다. 경영진 회의 때마다 우리는 엄청난 정신력과 집중력을 발휘했다. 세 가지 경제적 목표를 상기하고 각자의 임무를 완수하려고 노력했다.

결과는 놀라웠다. 우리 회사의 매출은 20퍼센트 이상, 수익은 30퍼센트 가까이 늘었다. 직원을 한 명도 해고하지 않았고 오히려 새 인력을 추가해야 했다. 비상 운영 자금을 3배로 늘리고, 연말에 보너스를 지급했다. 전략은 효과적이었다. 우리는 여전히 이 전략을 사용하고 있고, 아마 20년 뒤 규모가 훨씬 더 커져도 이 전략을 사용할 것이다. 어떤 비즈니스든 관리 및 생산성 간소화 전략을 사용하면 워크플로를 간단하게 추릴 수 있고 생산성과 수익, 직원들의 사기를 높일 수 있다.

관리 및 생산성 간소화 전략 수립하기

관리 및 생산성 간소화 전략은 곧 다섯 가지 정기 회의라고 할 수 있다. 이 다섯 가지 회의는 대부분의 실속 없는 회의를 대체하도록 고안되었고 일부는 5분밖에 걸리지 않으며 리더가 모든 회의에 참석할 필요도 없다.

실제로 이 전략을 도입하면서 내가 참석해야 할 내부 회의 수가 절반으로 줄었고, 그 덕분에 자유 시간이 늘었다. 회의는 정해진 주기에 따라 반복되므로 워크플로를 관리하기 쉬웠다. 그뿐 아니라 이 시기에 아내가 첫 아이를 출산했다. 이 전략이 없었다면 나는 남편과 아빠의 역할을 제대로 해내지 못했을 거다. 나는 지금의 일과 삶의 균형이 마음에 들고 앞으로의 성장도 문제없으리라 믿는다. 이 전략은 나 자신과 가족의 건강을 위해서도 중요하다.

모두를 위한 다섯 가지 회의

우선 다섯 가지 회의에 대해 간략하게 설명하겠다.

전 직원 회의

매주 월요일 오전 10시에 전 직원이 모인다. 상황에 따라 온라인으로 참석해도 된다. 이 회의의 목적은 세 가지다.

1. 세 가지 경제적 목표를 중심으로 업무 상황을 점검한다.
2. 부서별 추진 계획이나 성공 소식을 알린다.
3. 목표 달성에 크게 기여한 팀원을 칭찬해 사기를 높인다.

전 직원 회의는 45~60분 동안 진행되는 가장 긴 회의다. 화기애애한 분위기일수록 좋다. 회의 전에 전 직원 회의 템플릿을 작성해야 한다. 템플릿이 있으면 회의가 방향을 잃지 않는다.

경영진 회의

경영진 회의는 전 직원 회의 직후에 열린다. 부서장들로 구성되며 현재 추진 중인 주요 계획을 논의하고 경제적 목표를 방해하는 요소들을 해결하는 자리다. 그 주에 다뤄야 할 안건에 따라 보통 30~60분 동안 진행된다.

경영진 회의도 템플릿이 있다. 경영자 또는 부서장이 작성한다. 템플릿을 작성하면 각 경영진 회의가 세 가지 경제적 목표를 달성하는 데 도움이 되는지 확인할 수 있다.

부서 스탠드업 회의

직원이 5명 이상이고 2개 이상 부서로 나뉘어 있다면 부서 스탠드업 회의를 추가한다. 직원이 3명 이하라면 전 직원 회의 또는 경영진 회의를 매주 3~4회 진행하는 것으로 충분하다. 이 경우 월요일에는 길게, 나머지 날에는 짧게 회의를 진행하라. 하지만 부서가 2개 이상이면 전 직원 회의가 없는 날마다 각 부서에서 스탠드업 회의로 하루를 여는 게 좋다.

부서 스탠드업 회의는 약 15분간 진행되며 부서마다 세 가지 경제적 목표를 지원하는 계획을 하나 이상 추진하고 있는지 확인할 수 있다. 부서장은 이날의 목표를 세우고 전날 부원들이 겪은 애로 사항을 해결한다. 마찬가지로 회의 전에 부서 스탠드업 템플릿을 작성한다.

개인별 목표 점검

새로 합류한 팀원은 자신이 제대로 일하고 있는지 틈틈이 확인받길 원한다. 생산성과 사기를 높이려면 지속적인 코칭이 필요하다.

직원이 5명 이상이고 별도의 팀이 있으면 각 팀장이 매주 개별 팀원과 목표를 점검한다. 이 회의는 약 15분간 진행되며 팀원의 임무를 자세히 점검할 수 있다.

해당 팀원이 회의 전에 개인별 목표 점검 템플릿을 작성한다. 이 템플릿을 작성하면 자신이 조직의 경제적 목표에 기여하고 있다는 느낌을 받을 수 있다.

1인 기업이더라도 이 템플릿을 이용해 스스로 목표를 점검하면 좋다. 직원이 소수라면 매주 한 번(최소 한 달에 한 번) 개개인과 함께 진행하라.

번거로워 보여도 몇 번 진행해보면 낭비되기보다 절약되는 시간이 오히려 많다는 걸 깨닫게 된다. 게다가 매주 단 15분이라도 개별적 관심을 기울이면 직원들은 당신을 더욱 존중할 것이다.

분기별 성과 검토

지금까지 집중력과 생산성을 높이는 데 집중했다면 이제 성과를 다룰 차례다.

분기별 성과 검토에서는 개별 팀원의 성과를 꼼꼼히 평가한다.

5단계 경비 및 운영

지각이 잦은가? 업무 결과가 수준 이하인가? 어떻게 개선할 수 있을까? 팀장은 관리와 코칭 차원에서 팀원들에게 발전 방향을 짚어줘야 한다. 원한다면 성과에 따라 성과급을 지급할 수도 있다.

분기별 성과 검토는 직원들이 가장 궁금해하는 질문, '내가 일을 제대로 하고 있는가?'에 답해줄 수 있다. 충분한 면담이 필요하고 템플릿을 팀장과 팀원이 모두 작성하기에 솔직하고 건강한 업무 환경이 조성된다. 분기별 성과 검토는 분기마다 한 번씩 진행한다.

다섯 가지 회의가 비즈니스를 혁신하고 효율성을 높인다

물론 비즈니스가 성장하면서 다른 회의도 필요할 테지만 다섯 가지 회의만 성공적으로 구성해도 중요한 정보의 흐름이 끊기지 않고 직원들의 에너지가 비즈니스의 성장으로 이어진다.

이 전략이 당신의 비즈니스에 완벽하게 들어맞지 않을 수도 있다. 하지만 각 템플릿을 자유롭게 변형해 나만의 관리 및 생산성 간소화 전략을 만들어보자. 장담하건대 일류 컨설팅 회사의 수억대 맞춤 설계보다 훨씬 더 효과적일 것이다.

물론 이미 바쁜데 어떻게 회의를 더 추가하라는 건지 묻는 사람도 있다. 이해한다. 하지만 이 다섯 가지 회의는 당신의 일상을 방해하는 온갖 '잠깐 모일까요?'를 대체하기 위해 고안된 회의들이다.

게다가 경영자로서 당신이 참석할 회의는 세 가지뿐이다. 전 직원 회의, 경영진 회의, (일부) 분기별 성과 검토까지다. 나머지는 각 팀의 몫이다.

관리 및 생산성 간소화 전략은 워크플로를 줄일 뿐 아니라 직원들의 집중도를 높이고 회의 횟수를 줄이기 위해 고안되었다. 당연히 다른 회의가 생길 수도 있다. 고객, 직원, 거래처와 외부에서 만날 일도 생길 것이다. 하지만 마음 놓고 자리를 비울 수 있다. 내부 상황이 순조롭게 돌아갈 것을 알기에 외부 회의에 온전히 집중할 수 있다.

다섯 가지 회의의 템플릿을 살펴본 후에 구체적인 운영 방법을 알아보자.

ALL-STAFF MEETING

전 직원 회의

날짜 ⬭

회사 목표 (_____년 _____월까지)

❶	❷	❸

부서별 업데이트

_____ 부서명 _____

우리 부서는 회사의 목표에 다가가기 위해 무엇을 했고 앞으로 무엇을 할 것인가?

_____

_____

지난 주에 고객에게 어떤 기여를 했는가?

_____

_____

이번 주는 어떻게 고객에게 기여할 것인가?

_____

_____

_____ 부서명 _____

우리 부서는 회사의 목표에 다가가기 위해 무엇을 했고 앞으로 무엇을 할 것인가?

_____

_____

지난 주에 고객에게 어떤 기여를 했는가?

_____
_____

_____

이번 주는 어떻게 고객에게 기여할 것인가?

_____
_____

_____

<u>   부서명   </u>

우리 부서는 회사의 목표에 다가가기 위해 무엇을 했고 앞으로 무엇을 할 것인가?

_____

_____

지난 주에 고객에게 어떤 기여를 했는가?

_____
_____

_____

이번 주는 어떻게 고객에게 기여할 것인가?

_____
_____

_____

경영진 회의

회의 주관자

부서명

이번 주에는 어떤 중요한 계획이 있는가?

그 계획을 방해하는 요인이 있는가?

각 임무를 완수할 책임자는 누구인가?

부서명

이번 주에는 어떤 중요한 계획이 있는가?

그 계획을 방해하는 요인이 있는가?

각 임무를 완수할 책임자는 누구인가?

부서명

이번 주에는 어떤 중요한 계획이 있는가?

그 계획을 방해하는 요인이 있는가?

각 임무를 완수할 책임자는 누구인가?

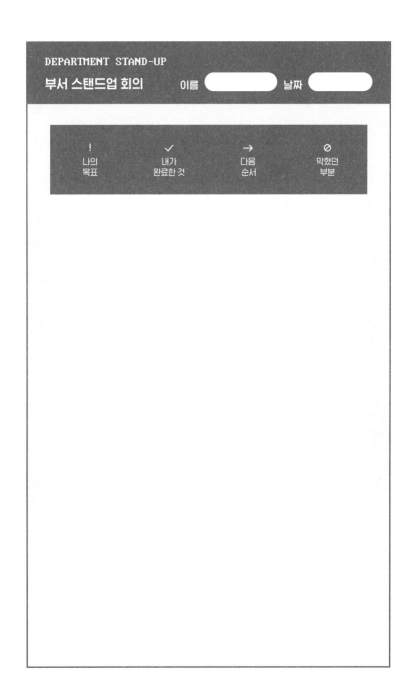

부서 스탠드업 회의   이름 ⬭   날짜 ⬭

!	✓	→	∅
나의 목표	내가 완료한 것	다음 순서	막혔던 부분

PERSONAL PRIORITY SPEED CHECK
개인별 목표 점검

이름 _____

회사 목표 (_____년 _____월까지)

❶	❷	❸

우리 부서의 최우선 과제

❶ _____

❷ _____

❸ _____

❹ _____

❺ _____

나의 개인 목표

❶ _____

❷ _____

❸ _____

❹ _____

❺ _____

나의 발전 목표

❶ _____

❷ _____

❸ _____

174

QUARTERLY PERFORMANCE REVIEW
분기별 성과 검토

이름

개인별 목표	초과	달성	미달
❶: _____ 평가:	☐	☐	☐
❷: _____ 평가:	☐	☐	☐
❸: _____ 평가:	☐	☐	☐
❹: _____ 평가:	☐	☐	☐
❺: _____ 평가:	☐	☐	☐

개인별 목표 점검을 준비해 왔는가?	☐	☐

다음 과제

누가 관리 및 생산성 간소화 전략을 운영해야 하는가?

사실 모든 사람이 관리 및 생산성 간소화 전략을 운영할 수 있는 것은 아니다. 내가 이 전략을 직접 운영하지 않은 이유는 내가 아티스트 겸 기업가형 리더이기 때문이다.

보통 비즈니스 리더의 유형은 아티스트, 기업가, 운영자 세 가지로 나뉜다.

아티스트

아티스트는 제품 개발에 몰두한다. 제품이 얼마나 효과적인지, 고객이 제품에 만족하는지, 어떻게 제품을 출시할지가 주요 관심사다. 제품이 고객에게 미치는 영향을 가장 중요하게 여긴다. 아티스트 없이 비즈니스는 세상에 변화를 가져오거나 혁신적인 제품을 내놓을 수 없다.

기업가

기업가는 항상 수익과 성장 기회를 포착한다. 늘 확장 가능성을 탐색한다. 기존 아이디어를 수익화하는 것을 좋아하며 회사의 규모가 커질수록 만족도가 올라간다. 기업가가 없으면 회사는 수익을 창출하기 어려울 것이다.

운영자는 혼돈을 정리하는 것을 즐긴다. 워크플로를 예측 가능한 시스템과 프로세스로 세분화하여 모든 직원이 자신의 역할을 인지하고 작업을 완수해서 적절한 보상을 받기를 바란다. 기업에 유능한 운영자가 없으면 실무자들은 아티스트와 기업가에게 질려 다른 일자리를 찾아 나설 것이다.

관리 및 생산성 간소화 전략을 운영해야 할 리더는 바로 운영자다. 이 과업을 아티스트에게 맡기면 툭하면 회의를 깜빡할 테고 참석하더라도 딴생각만 할 것이다.

내가 나의 친구를 회사로 영입했을 때, 고안된 전략을 운영할 사람을 찾아 교육해달라고 부탁했다. 그가 교육한 운영자는 그가 떠난 뒤로 지금까지 회사의 시스템을 완벽하게 관리하고 있다. 우리 회사는 최고의 호황기를 맞았고 경영자로서 일과 삶의 균형이 그 어느 때보다 좋다.

운영자를 찾았다면 다음 단계별 계획을 따라 전략을 수립하라.

다섯 가지 회의의 단계별 계획

다섯 가지 회의 1단계: 운영자 지정

1. 당신이 직접 전략을 운영하지 않을 거라면 적합한 운영자를 찾아라. 운영자는 마련된 전략을 관리하고 절차를 따르는 일이 적성에 맞는 사람이 맡아야 한다. 또 사교적이면서 솔직해

야 한다. 전략의 많은 부분이 업무를 평가하는 일이기에 격려와 쓴소리를 아끼지 않을 사람이 적임자다.

2. 운영자는 최고운영책임자나 부사장이라는 직함을 가질 수 있다. 비즈니스의 규모가 아주 작다면 당신의 비서가 될 수도 있다. 너무 고민하지 않아도 된다. 꼭 직책에 얽매일 이유나 필요는 없다.

3. 전략의 운영자는 회사의 운영자라고 할 수 있다. 운영자가 전략을 잘 운영하면 아티스트나 기업가인 당신은 그에게 회사를 맡기고 자유를 얻을 수 있다. 경영진 회의에 참석하는 것만으로 충분하다. 더는 회사 안에 갇힌 느낌이 들지 않을 것이다.

다섯 가지 회의 2단계: 전 직원 회의 개시

1. 반드시 전략을 한꺼번에 실행할 필요는 없다. 월요일마다 전 직원 회의를 하는 것부터 출발하자. 전 직원 회의에서는 모두에게 미션, 특히 세 가지 경제적 목표를 상기시킨다.

2. 세 가지 경제적 목표가 헷갈린다면 맨 처음의 1단계 '미션이 있는 비즈니스 만들기'로 돌아가라. 매주 전 직원 회의를 하는 이유는 다 함께 목표를 되새기고 어떻게 달성할지 논의하기 위해서다.

3. 목표 달성에 중요한 역할을 한다면 계약직 직원도 전 직원 회의에 참석하는 게 좋다. 참석을 의무화할 수 없더라도 업무 효율이 높아진다면 계약직 직원도 참석하기를 원할 것이다.

다섯 가지 회의 3단계: 경영진 회의 추가

1. 경영진 회의는 전 직원 회의 직후에 갖는다. 이 회의는 다섯 가지 회의 가운데 가장 캐주얼하면서 효과적이고 시간을 낭비하지 않도록 고안되었다.

2. 비즈니스 규모가 작다면 전 직원 회의와 경영진 회의를 한꺼번에 진행할 수 있다. 하지만 두 회의의 안건은 서로 달라야 한다. 같은 인원이 회의를 연달아 하더라도 두 회의의 템플릿을 모두 작성해야 한다.

3. 비즈니스 규모가 크다면 부서장들끼리 각 부서가 어떻게 돌아가는지 논의하고 서로 협조하여 걸림돌을 제거할 수 있다.

4. 경영진 회의는 관리자급 인력의 사기와 공동체 의식을 높이고자 마련된 자리다. 관리자는 업무상 약간의 고립감을 느낄 수 있으므로 이 회의는 위에서부터 아래로 조직의 단합을 꾀하는 데 도움이 될 것이다.

다섯 가지 회의 4단계: 부서 스탠드업 회의 추가

1. 비즈니스 규모가 작다면 전 직원 회의만으로 세 가지 경제적 목표에 충분히 집중할 수 있다. 하지만 사업이 확장되면서 영업, 마케팅, 디자인, 개발, 생산, 고객 서비스 등 부서로 나뉘면 부서 스탠드업 회의를 시작할 때다. 이 회의는 전 직원 회의가 없는 모든 요일에 짧게 진행한다. 스탠드업 회의인 만큼 앉고 싶을 정도로 길어서는 안 된다. 온라인으로도 가능하다.

2. 부서 스탠드업 회의는 부서장이 주관한다. 사업주나 경영자는

참석할 필요가 없다.

3. 회의마다 부서 스탠드업 템플릿을 사용하라. 템플릿을 사용하지 않으면 회의가 비생산적인 방향으로 흘러갈 수 있다.

다섯 가지 회의 5단계: 개인별 목표 점검 추가

1. 직원들이 스스로 제대로 일하고 있는지 잘 모르면 조직의 사기와 생산성이 떨어지고, 결국 비행기의 몸체는 점점 더 크고 무거워진다. 각 직원이 자신 있게 업무를 수행하고 효능감을 느끼려면 적절한 피드백이 필요하다.

2. 주간 개인별 목표 점검은 직원들이 지속적인 피드백을 받을 수 있는 좋은 방법이다. 개인별 목표 점검 템플릿은 해당 직원이 회의 전에 작성하고 부서장이 회의 중에 검토한다.

3. 부서장이 코치처럼 격려하는 분위기로 이끌면 조직의 사기와 생산성이 향상할 것이다.

다섯 가지 회의 6단계: 분기별 성과 검토 추가

1. 분기별 성과 검토는 비즈니스 규모에 상관없이 매우 유용하다. 직원이 12명 이상이라면 이 단계가 마지막 단계지만 직원 수가 적다면 빨리 도입할수록 좋다. 직원들은 상사의 적절한 감독이 있어야 안심하고 일할 수 있다.

2. 분기별 성과 검토 템플릿은 부서장과 부원 모두 작성하며, 이를 토대로 해당 부원의 성과를 평가한다. 이 과정에서 진솔한 대화를 나눌 수 있다. 잘하거나 부족했다고 생각하는 부분이

서로 다를 수 있지만, 어느 쪽이든 모든 직원은 솔직하고 건설적인 피드백을 받아야 하며 분기별 성과 검토는 바로 그런 갈증을 해소하는 자리다.

3. 성과에 따른 보상을 고려할 수도 있다. 팀이 성장하면서 팀원들은 보상을 예측하고 통제하길 원할 것이다. '재량껏' 보상을 제공할 수도 있지만 신중해야 한다. 정해진 지표 없이 보너스를 지급하거나 급여를 인상하면 그것이 선례가 되면서 기대치도 막연히 높아진다. 성과 검토에 따라 보상을 지급하면 일관적이고 안정적인 근무 환경을 조성할 수 있다.

4. 성과 검토를 통해 직원은 어떤 부분을 지속하고 어떤 부분을 개선해야 자신이 최대한의 보상을 누릴지 파악할 수 있다. 회계 연도 말에 최대치 보너스를 받으려면 어떻게 해야 하는가? 이것이 성과에 따른 보상 체계의 핵심이다. 자신의 재정적 미래를 통제할 수 있다고 느끼면 더 사명감을 가지고 일하게 된다.

5. 성과에 따른 보상 체계의 예시로 비즈니스가 경제적 목표를 달성하면 개인별 성과에 따라 각 직원에게 급여의 최대 3퍼센트를 보너스로 지급하는 것이 있다. 비즈니스가 도전적 목표를 달성하면 최대 5퍼센트를 보너스로 지급한다. 그중 실적이 가장 우수한 직원들은 추가로 급여의 5퍼센트를 인상해준다.

6. 비즈니스에 수익 목표와 도전적 수익 목표가 따로 있으면 좋다. 예를 들어 수익 목표인 100만 달러를 달성하면 직원들은 급여의 최대 3퍼센트를 받는데, 도전적 수익 목표인 130만 달

러를 달성하면 최대 5퍼센트를 받을 수 있다. 물론 그 비율은 분기별 성과 검토에 따라 결정된다.

다섯 가지 회의가 전부는 아니다

다섯 가지 회의는 주간 및 연간 일정에 따라 정해진 회의일 뿐이다. 기타 잡다한 회의들을 대체하도록 고안되었지만 이 밖에도 필요에 따라 다른 회의를 추가하면 된다.

수익 회의

소규모 비즈니스의 경영자나 운영자, 또는 재무 담당자는 매월 수익 회의를 열어 지난달 실적을 검토해야 한다. 왜, 어디에서 잘했고 부족했는지 따지면서 비즈니스의 전반적인 상태를 파악할 수 있으며 전략을 개선할 수 있다. 가능하면 운영자가 데이터를 수집하고 회의를 주도하면 좋다.

전략 회의

특정 문제를 해결해야 하는 경우, 관련자들이 한 공간에 모여 몇 시간 동안 대책을 세워야 효과적일 때가 많다. 재고를 처리하거나 신제품을 출시할 때도 전략 회의가 필요하다.

때로는 경영진이 꼬박 하루 동안 전반적인 비즈니스 현황을 논의하는 것이 좋다. 되도록 운영자가 주도하며 주요 목적은 회사를 발전시킬 가장 좋은 방법을 찾는 것이다. 안건은 상황에 따라 다를 수 있지만 기본 취지는 운영자가 특정 과제와 기회를 중심으로 조직을 정비하는 것이다. 따라서 현재 비즈니스의 모든 중대사를 다루는 회의라고 할 수 있다.

관리 및 생산성 간소화 전략을 도입하면 기체가 날렵해진다

다시 말하지만, 경비 팽창의 주범은 인건비다. 인건비를 절감하려면 두 가지 선택지가 있다. 일부 직원을 해고하거나 기존 인력으로 수익을 극대화하는 것이다. 가능하면 일자리를 지키고 각 인력을 수익 창출 동력으로 전환하기를 강력히 권한다.

당신이 해야 할 일은 간단하다. 경영 방침 워크시트 작성과 관리 및 생산성 간소화 전략 실행을 운영자에게 주문하는 것이다. 운영자가 이 작업을 잘 수행하고 매월 수익 회의까지 연다면 당신의 비즈니스는 훨훨 날아오를 것이다.

6단계

현금 흐름

Cash Flow

세분화 전략으로 경영 자금 관리하기

6단계에서 해결할 수 있는 문제들

- 회삿돈과 개인 자산의 구분이 모호하다.

- 현금이 부족할까 봐 계속 걱정된다.

- 손익 계산서를 봐도 헷갈리기만 하고 의사 결정에 도움이 되지 않는다.

- 비즈니스의 실제 수익을 파악하기 어렵다.

- 사업으로 번 돈을 외부에 투자해 개인 자산을 불리고 싶다.

- 채용, 신기술, 광고 등에 재투자할 추가 자금을 원한다.

- 재무 상태를 실시간으로 파악하고 싶다.

경영 자금은 나눌수록 관리가 쉽다

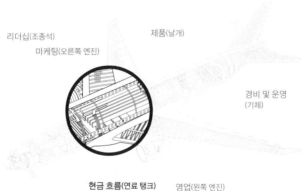

리더십(조종석)

제품(날개)

마케팅(오른쪽 엔진)

경비 및 운영
(기체)

현금 흐름(연료 탱크)   영업(왼쪽 엔진)

이제 마지막 6단계, 현금 흐름에 대해 살펴보자. 비즈니스가 완벽한 비행기처럼 설계되었더라도 자금이 부족하면 추락하기 쉽다.

비즈니스의 수익은 비행기의 연료라고 할 수 있다. 연료가 충분하면 비행기가 멀리, 빠르게 날 수 있다. 그뿐 아니라 비상 착륙 시 공항 주변을 선회할 시간을 충분히 확보할 수 있다.

그렇다면 어떻게 각종 경비를 처리하고, 급여를 챙기고, 비상금을 남기고, 세금을 내고, 외부에 투자까지 하면서 현금이 떨어지지 않도록 관리할 수 있을까?

해답은 예금 계좌 5개로 현금 흐름을 관리하는 것이다.

더 이상 재정 문제로 고민할 필요가 없다

'현금 흐름 세분화 전략'은 의도치 않게 만들어졌다. 많은 소규모 사업자가 그렇듯이 나도 사업을 시작할 때 개인 계좌와 저축 계좌 두 개만 이용했다. 사업비와 개인 지출은 모두 개인 계좌에서 나왔다. 당시에는 나 말고 다른 직원도 없었고, 벌기 위해 쓰는 돈과 먹고 살기 위해 쓰는 돈의 차이를 잘 몰랐다. 내 개인 계좌로 회사를 운영하다 보니, 어디에서 흑자를 보고 어디에서 적자를 보고 있는지 파악하기 어려웠고 세금 신고도 복잡해졌다.

자금부터 분리가 안 되니, 일과 삶의 경계가 점점 흐려졌다.

그래서 계좌를 하나씩 추가하기 시작했다. 먼저 운영 계좌를 만들어 회사의 수입과 지출을 추적할 수 있게 했다. 몇 년 뒤에는 세금 낼 돈이 모자랄까 봐 걱정하기 싫어서 미리 세금을 따로 모아 두는 계좌를 만들었다.

돈 관리를 질색하던 나는 어느새 훌륭한 시스템을 만들었다는 사실을 깨달았다. 나는 돈을 버는 것은 좋아하지만 늘 계산기를 두드리며 예산을 검토하고 손익 계산서를 꼼꼼히 살피는 타입은 아니다.

비즈니스 사업자를 위한 현금 흐름 세분화 전략은 나와 같은 유형의 리더를 위한 완벽 가이드다. 꼭 리더가 아니더라도 누구나 돈을 잘 관리해야 한다. 하지만 대부분의 기업가는 돈을 관리하는 일보다 돈을 버는 일을 더 좋아한다.

5개 예금 계좌로 자금을 운용하면서 내가 할 수 있게 된 일들은 다음과 같다.

- 온라인 뱅킹으로 회사의 전반적인 재정 상태를 즉시 확인할 수 있다.
- 내 돈과 회삿돈을 명확하게 구분할 수 있다. 나는 개인적인 이익을 얻기 위해 회삿돈에 손을 대지 않는다.
- 세금을 낼 돈이 모자라거나 아까운 적이 없다. 이미 세금과 심리적으로 분리되어 있다.
- 회사가 난항을 겪더라도 비상금을 충분히 마련해두었기에 아무도 해고할 필요가 없다.
- 사업으로 번 돈을 금융 상품에 투자하여 내 노후와 가족을 위해 더 많은 자산을 모을 수 있다.

이 모든 게 이상적으로 들린다면, 특히 돈을 관리하기보다 벌기를 더 좋아한다면 이 장에서 소개하는 전략이 마음에 들 것이다. 더는 재정 문제로 고민할 필요가 없다.

비즈니스 사업자를 위한
현금 흐름 세분화 전략

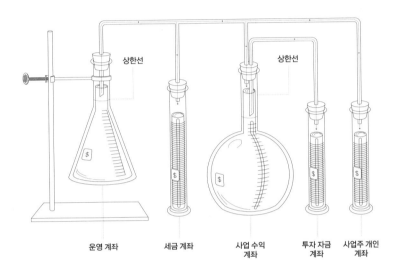

재정 관리에 사용할 5개 예금 계좌는 서로 입출금이 가능하여 자금을 효율적으로 관리하고 통제할 수 있다.

이제부터 5개 예금 계좌와 그 사용법을 설명하겠다.

운영 계좌

비즈니스에 들어오고 나가는 돈은 모두 이 계좌를 통한다. 이 계좌는 당신의 급여를 포함해 모든 운영비를 충당하는 데 사용하는 기본 계좌다. 그렇다. 당신도 일정 급여를 받아야 한다. 그래야 비즈니스의 건전성을 해치지 않는다.

6단계 현금 흐름

세금 계좌

세금 낼 돈을 미리 넣어두는 계좌다. 이 계좌는 두 가지 측면에서 유용하다. 첫째, 언제든 세금을 낼 수 있으니 마음 한구석이 든든하다. 둘째, 잉여금을 보관할 수 있는 보조 안전 계좌 역할을 한다. 조금 뒤에 더 자세히 설명하겠다.

사업 수익 계좌

비즈니스로 벌어들인 수익에서 다시 운영 계좌로 돌아가지 않아도 되는 돈을 넣어두는 계좌다. 운영 계좌에 상한선을 두어서 여유 자금이 생기면 사업 수익 계좌로 이체한다. 상한선은 임의로 설정하며 재정 상태에 따라 변경할 수 있다. 사업 수익 계좌에 모인 돈은 갑자기 불황을 맞았을 때 비상금으로 쓸 수 있다.

투자 자금 계좌

사업 수익 계좌에서 넘친 돈을 투자 자금 계좌로 옮기고 쓸모를 결정할 수 있다. 나는 금융 상품에 투자해 불로소득을 버는 것을 추천한다. 부동산, 주식, 보험 상품, 양도성예금증서, 가상화폐 등에 투자하는 것이다. 물론 당신이 번 돈이니 마음껏 써도 되지만 그냥 소비하지 않고 투자하면 돈이 불어난다. 돈으로 돈을 버는 것이야말로 부자가 되는 방법이다. 당신이 일하는 대신 돈에게 일을 시키는 것이다.

사업주 개인 계좌

당신의 개인 계좌에는 매월 운영 계좌에서 자동 이체로 급여가 들어온다. 얼마를 받을지는 전적으로 당신의 선택이다. 비즈니스의 재정 현황에 따라 결정하라. 비즈니스가 성장하면 스스로 급여를 인상할 수 있다.

예상 수익을 미리 제해야 할까?

혹시 마이크 미칼로위츠의 저서 『수익 먼저 생각하라Profit First』를 읽어 봤다면 내 전략이 그 책의 내용과 비슷하다는 것을 눈치챘을 것이다. 맹세컨대 나는 마이크의 아이디어를 훔치지 않았다. 나는 어느 여름 장거리 운전 중에 그의 책을 오디오북으로 들으며 내가 회삿돈을 썩 잘 관리하고 있다는 사실을 깨달았다.

수년 동안 순조롭게 유지해 온 전략이지만 내심 임시방편에 불과한 것은 아닌지 의심했었다. 비즈니스를 제대로 배운 사람들은 더 나은 시스템을 갖추고 있으리라 생각했는데, 마이크의 책을 통해 내가 옳은 길을 걷고 있다는 것을 깨달았다.

나와 마이크는 그 책을 통해 친구가 되었다. 사실 내가 비즈니스 자금 관리에 관한 책을 따로 쓰지 않는 것은 이미 마이크가 썼기 때문이다. 5개 예금 계좌로 비즈니스를 운영하는 법을 자세히 알고 싶다면 『수익 먼저 생각하라』를 읽어보라.

하지만 내 방식은 마이크와 두 가지가 다르다. 『수익 먼저 생각하라』의 요점은 매월 초 예상 수익을 미리 제하는 것이다. 따라서 반드시 수익을 내려고 노력하게 된다. 그와 달리 나는 운영 계좌에 여유 자금이 생길 때마다 제한다. 다시 말해, 나는 운영 계좌의 상한선을 '넘어서는' 수익을 제한다. 우리 회사는 수익이 들쑥날쑥한 편이다. 만약 내가 마이크의 방식대로 예상 수익을 먼저 제하면 운영 계좌에 돈이 모자라서 도로 넣어야 하거나 돈이 너무 많이 남아서 다른 데 쓰고 싶은 유혹에 시달릴 수 있다.

또한 마이크는 투자 자금 계좌를 타행 은행에 개설하기를 권한다. 그 돈이 눈에 보이지 않길 바라는 깃이다. 현명한 생각이지만 나는 모든 계좌가 한 온라인 뱅킹 화면에 표시되는 것을 선호한다.

수익을 미리 제하여 안 보이는 계좌에 넣든, 나중에 제하여 잘 보이는 계좌에 넣든, 모두 소규모 비즈니스에서 상당히 개선된 돈 관리 방식이다.

이제 전략의 기본 원리를 이해했으니 수립 과정을 단계별로 살펴보자.

현금 흐름 세분화 전략 수립하기

현금 흐름 세분화 1단계

은행에 가서 당좌 예금 계좌 5개를 개설한다. 운영 계좌, 개인 계좌, 사업 수익 계좌, 세금 계좌, 투자 자금 계좌다. 기존 계좌가 있다면 용도에 따라 이름을 변경하라. 또 온라인 뱅킹 화면에 모든 계좌가 표시되어 한눈에 볼 수 있게 하라. 이것이 비즈니스의 재정 상태를 명확히 파악하는 열쇠다.

현금 흐름 세분화 2단계

비즈니스의 모든 자금이 운영 계좌를 통하게 하라. 모든 수익과 지출이 이 계좌로 들어오고 나가야 한다(세금만 세금 계좌에서 나간다).

현금 흐름 세분화 3단계

당신도 다른 직원들과 마찬가지로 고정된 월급을 받아야 한다. 자동차나 시계 따위를 사려고 운영 계좌에서 더 많은 돈을 가져가서는 안 된다. 핵심은 지속 가능성이다. 월급으로 생활해야 딴생각이 안 들고 회삿돈과 내 돈을 명확히 구분할 수 있다.

현금 흐름 세분화 4단계

운영 계좌의 상한선을 설정한다. 상한선이란 해당 월에 발생할 수 있는 가장 큰 타격을 감당하는 금액이다. 예를 들어 인건비가 2주마다 2만 5000달러씩 나간다면 운영 계좌가 3만 5000달러 이하로 내려가서는 안 될 것이다. 급여를 지급하면 1만 달러로 떨어지겠지만 다시 지급하기까지 2주간 벌충할 수 있다. 그렇다면 상한선은 3만 5000달러다. 이 금액은 안전하면서도 운영 계좌에 초과 금액이 쌓이지 않게 해준다. 어느 날 계좌를 확인하니 6만 달러가 있다고 가정하자. 즉 상한선을 넘어 2만 5000달러가 남은 것이다. 이 초과분을 사업 수익 계좌와 세금 계좌로 반반씩 이체하면 된다. 그러면 운영 계좌는 다시 3만 5000달러가 되고 수익 계좌와 세금 계좌에 각각 1만 2500달러가 적립된다.

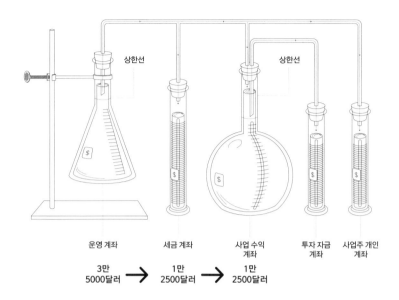

운영 계좌　　세금 계좌　　사업 수익　　투자 자금　　사업주 개인
　　　　　　　　　　　　　계좌　　　　계좌　　　　계좌

3만　→　1만　→　1만
5000달러　　2500달러　　2500달러

　　이 전략의 장점은 당신의 개인 자산이 얼마인지, 비즈니스가 어떻게 돌아가고 있는지 기분 좋게 파악할 수 있다는 것이다. 또 세금 계좌에 소득세를 낼 돈이 충분하다 못해 넘쳐서 연말에 잉여금이 생길 가능성이 크다. 대부분의 사업자와 달리 세금 납부일은 당신에게 아주 유쾌한 날이 될 것이다.

현금 흐름 세분화 5단계

　　사업 수익 계좌도 운영 계좌와 마찬가지로 상한선을 설정해야 한다. 사업 수익 계좌는 비상금 계좌이기도 하기에 넉넉할수록 좋다. 나는 사업 수익 계좌가 운영 계좌의 상한선보다 6배 정도 높아야 한다고 생각한다. 가령 운영 계좌의 상한선이 3만 5000달러라면 사업 수익 계좌의 상한선은 21만 달러가 되어야 한다. (예금 계좌라서 이자가 많이 붙지 않겠지만 마음의 평화라는 엄청난 가치를 얻을 수 있다.)

운영 계좌 상한선의 6배가 사업 수익 계좌에 적립되면 비상시에 6개월간 공항을 선회할 예비 연료를 확보한 것이다. 기상 이변이나 기체 고장이 발생하더라도 무리 없이 적응하고 방향을 전환할 수 있다. 당장 직원을 해고하거나 사업을 접어야 할지 고민하지 않아도 된다.

비즈니스가 성장하면서 예금 계좌에 남아 있는 많은 돈이 신경 쓰일 수 있다. 인플레이션이 발생하면 그 돈의 가치는 나날이 떨어질 테니까. 하지만 현금은 넉넉해야 한다. 수익 일부를 더 높은 이자나 수익률을 보장하는 투자처에 넣어도 좋지만, 중요한 것은 그 돈이 유동적이어야 한다는 것이다. 1년에 한 번은 계산 착오로 사업 수익 계좌에서 운영 계좌로 돈을 다시 옮겨야 할 때가 발생할 것이다. 미리 상한선이나 이체 시기를 조절하면 그런 경우가 드물겠지만 누구나 현금 흐름의 변동을 겪게 된다. 어쨌거나 사업 수익 계좌에 현금이 넉넉하면 그런 혼란으로 인한 고통을 덜어준다.

그렇다면 사업 수익 계좌에 현금이 넘치면 어떻게 해야 할까? 가령 사업 수익 계좌의 상한선이 21만 달러인데 어느 날 25만 달러가 찍혔다고 치자. 이는 비즈니스가 진정한 수익을 창출하는 기계로 거듭났다는 뜻이다. 모두 당신의 돈이니 마음대로 써도 된다. 하지만 사치품을 사들이기 전에 일단 투자 자금 계좌로 옮기길 권한다. 왜? 투자 자금 계좌에 들어오는 돈은 당신의 개인 재산을 불릴 수 있는 돈이기 때문이다.

아내와 나는 투자 자금 계좌를 이용해 집을 짓고 노후 자금을 마련했다. 또 생명보험에 가입하고, 주식에 투자하고, 임대용 부동산을 사고, 우리가 좋아하는 단체에 기부도 했다. 아내는 인신매매 방지 단체의 의장을 맡고 있는데, 우리는 이 단체에 기부할 뿐 아니라 매년 대규모 만찬을 주최해 더 많은 돈을 모금한다. 가장 좋은 점은 우리가 이 모든 걸 부담 없이 한다는 것이다. 비즈니스를 제대로 구축한 덕분에 우리는 계획적으로 사회에 공헌할 수 있다.

투자 자금 계좌에 있는 돈으로 사치품을 사는 것은 당신 자유다. 하지만 투자로 벌어들인 돈으로 나중에 사치품을 사면 사치품과 계속 발생할 투자 수익 모두를 거머쥘 수 있다.

상한선은 변경될 수 있고, 변경되어야 한다

나는 몇 년 전 SNS 피드를 보다가 깜짝 놀랐다. 한 친구가 자기 사업이 수익 200만 달러를 달성했다고 올린 글 때문이었다. 소규모 비즈니스가 단기간에 그렇게 성장하는 것은 불가능하다고 생각했다. 하지만 이 책에 담긴 공식과 전략을 내 사업에 적용한 결과 2년 만에 300만 달러 이상의 수익을 올렸고 그 후로도 지금까지 두 자릿수 성장률을 유지하며 계속 성장하고 있다.

당신의 사업이 상상했던 것보다 훨씬 더 크게 성장하더라도 놀라지 마라. 다만 지출이 증가함에 따라 운영 계좌와 수익 계좌의 상한선도 변경되어야 한다. 수입과 지출 규모에 따라 운영 계좌의 상한선을 3만 5000달러에서 5만 5000달러로 올려야 할 수 있다. 그 시점이 언제일까? 지출이 너무 커져서 운영 계좌 잔액이 바닥을 드러낼 때다. 그 시점이 왔다면 축하한다! 투자 자금을 비롯해 모든 계좌가 점점 불어나고 있다는 뜻이다!

물론 동업자나 투자자가 있다면 더 복잡해질 수 있다. 하지만 걱정하지 마시라. 핵심은 모든 당사자가 합의한 주기에 따라 투자 자금 계좌를 분할하는 것이다. 이 전략은 외부 투자자들이 있어도 잘 작동한다.

현금 흐름 세분화 전략의 가장 큰 장점은 이 전략이 비즈니스와 함께 성장한다는 것이다. 부업으로 연간 2만 달러를 벌든, 1억 달러 이상의 사업체를 운영하든, 이 전략을 따르면 더 많은 수익을 창출하고 재정 상태를 건전하게 유지할 수 있다.

마치며

6단계 전략을
모두 익힌 분들께

비즈니스를 성장시키는 것은 짜릿한 여정이다. 하지만 동시에 부담
스럽기도 하고 어쩌면 쓰디쓴 실패를 경험할 수도 있다. 그 갈림길에
는 물론 여러 요인이 있겠지만, 경쟁력 있는 제품을 시장에 내놓을
수만 있다면 나머지 여정은 대개 간단한 비즈니스 구축이다. 그런데
많은 경영자가 그 여정을 필요 이상으로 복잡하게 만들곤 한다.

　지금까지 우리는 여섯 장을 통해 회사에서 이루어지는 업무별로
시스템을 구축하는 방법을 배웠다. 이제 이 책의 특별부록, 무기가
되는 비즈니스 플래너를 통해서 전체 전략을 구현하는 방법을 알아
볼 것이다.

　6단계로 설계된 플래너는 사업가로서 겪는 문제를 대부분 해결
해 줄 것이다. 실제로 이 플래너의 계획은 대부분의 비즈니스 문제를
미리 예방할 수 있다.

　단계를 조금씩 달리해도 좋다. 예를 들어 경영 방침에 핵심 덕목
을 추가하거나 경영진 회의를 매주가 아니라 매일 갖는 것이다. 꼭
이 책의 설계를 그대로 따를 필요는 없다. 당신은 조정이 필요한 부

분을 직관적으로 알 것이다. 문제가 발생했을 때 이 책의 설계를 어떻게 구현해야 문제를 해결할 수 있는지 자문해보라.

모든 단계를 한꺼번에 밟으려고 하면 과부하가 걸릴 것이다. 이전 단계가 안정적으로 정착되었을 때 다음 단계로 넘어가면 1년 이내에 비즈니스를 혁신할 수 있을 것이다.

무조건 단계를 차례대로 밟으라는 이야기가 아니다. 현금 흐름에 문제가 있다면 6단계부터 시작해 예금 계좌 5개를 개설함으로써 재정 상태를 파악한 다음 3단계를 밟아서 매출을 늘리고 해당 계좌로 자금을 이동시킬 수 있다. 그다음 비즈니스가 안정되면 1단계로 돌아가는 것이다.

비즈니스를 성장시키면
재미와 보람을 느낄 수 있다

솔직히 직원으로 일할 때가 더 행복했다는 사업자를 많이 봤다. 비즈니스가 부침을 겪을 때 경영자는 과도한 스트레스와 재정 불안으로 고통받을 수 있다. 나는 당신이 이 책의 도움으로 비즈니스를 성장시킬 뿐 아니라 더 좋은 부모, 더 좋은 배우자, 더 좋은 친구로 거듭나길 바란다. 물론 재정적 안정만으로 완벽한 사람이 될 수는 없지만 더 나은 사람이 될 수는 있다. 나는 현금 흐름 세분화 전략을 사용하기에 아내와 재정 문제로 다투지 않는다. 경영 방침을 세웠기에 사업 방향을 놓고 경영진과 싸우지 않는다. 관리 및 생산성 간소화 전략을 사용하기에 인력을 낭비할까 봐 걱정하지 않는다. 고객을 스토리로 초대해 판매를 성사할 수 있다는 걸 알기에 적자가 날까 봐 걱정하지 않는다. 마케팅 메시지가 명료하기에 마케팅 비용을 낭비할까 봐 걱정하지 않는다.

내가 여기까지 오는 과정이 이렇게 즐거울 줄은 미처 몰랐다. 사업이 잘 되어서 뿌듯하지만 이 책에 담긴 공식과 전략을 알아내려고 애쓰던 모험적인 시절이 그립다. 쉽지 않은 여정이란 걸 알지만, 부디 즐겨라. 산 정상에 서 있는 것도 좋지만 모든 추억은 산을 오르는 과정에서 만들어지기 때문이다.

우리가 운영을 전문화할수록 많은 사람의 고용 안정성, 복지, 집단 효능감, 급여가 올라간다. 비즈니스를 제대로 구축하면 우리 자신을 포함해 많은 사람의 삶의 질이 향상된다.

부디 당신의 비즈니스가 성공하길 기원한다. 안전한 비행 되시기를.

무기가 되는 비즈니스 플래너

How to Install the Small Business Flight Plan

01

리더십

미션이 있는 비즈니스 만들기

리더의 최우선 임무는 직원들에게 통일된 비전을 제시하는 것이다. 비즈니스의 성장을 보장하는 비전을 제시하라.

BUSINESS ON A MISSION
GUIDING PRINCIPLE WORKSHEET

_____회사명_____ **비즈니스 미션**

MISSION STATEMENT

미션 선언문

KEY CHARACTERISTICS

인재상 ❶	인재상 ❷	인재상 ❸

CRITICAL ACTIONS

핵심 행동 ❶	핵심 행동 ❷	핵심 행동 ❸

02

마케팅

스토리가 있는
메시지 설계하기

70만 명이 넘는 사업자가 스토리브랜
드 공식을 사용해 마케팅 메시지를 명
확하게 전달했다. 메시지를 명확히 하
면 주문량이 늘어난다.

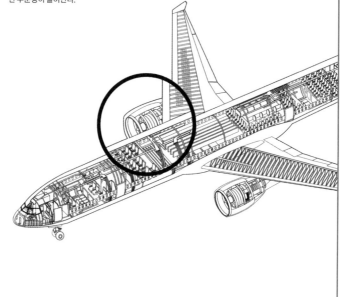

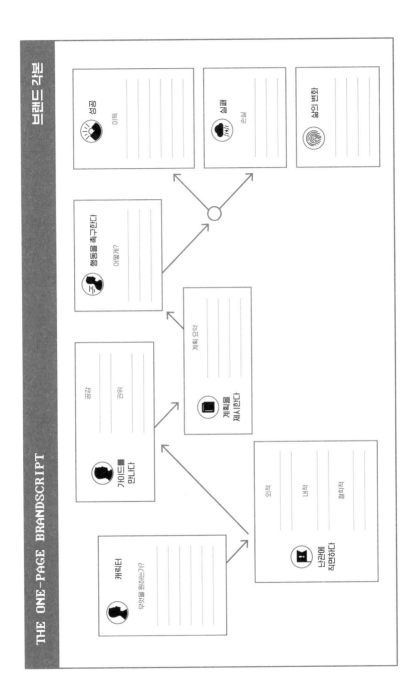

03

영업

고객을 주인공으로
만들기

영업을 좋아하는 사람은 드물다. '고객
이 주인공이다' 공식을 참고해 고객을
스토리로 초대하라. 영업이 싫은 사람
들을 위한 효과적인 영업 공식이다.

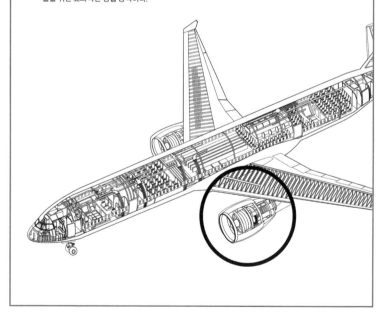

THE CUSTOMER IS THE HERO SALESSCRIPT

'고객이 주인공이다' 세일즈 피치

○: 문제로 대화 열기

△: 판매 제품을 해결책으로 포지셔닝하기

□: 고객에게 단계별 계획 제시하기

♡: 손실 제시하기

×: 이득 예고하기

☆: 고객에게 행동 촉구하기

04

제품

제품군 최적화로
매출 끌어올리기

수익률을 높이는 가장 좋은 방법은 가
장 많이 팔리는 제품을 더 많이 파는 것
이다. 수익이 어디서 나오는지 제대로
아는 비즈니스 리더는 드물다. 제품군
을 최적화하고 나면 더 많은 수익을 올
릴 수 있다.

PRODUCT PROFITABILITY AUDIT WORKSHEET

제품 수익성 감사 워크시트

제품명	생산 비용	판매 및 마케팅 비용	유통 비용	추가 지원 비용	단위당 총 수익

무기가 되는 비즈니스 플래너

211

제품 기획안 워크시트

기획자: _____

제품명

1. 제품명은 무엇인가? _____

2. 제품명이 제품을 잘 설명하고 제품의 가치를 강조하는가?

_____

3. 제품명이 혼란스럽거나 시장에서 문제를 일으킬 소지가 있는가?

_____

_____

제품 설명

1. 이 제품이 고객의 어떤 문제를 해결하는가?

_____

_____

2. 이 제품이 고객의 문제를 어떻게 해결하는가?

_____

_____

3. 고객이 이 제품을 사용해 얻을 수 있는 혜택을 설명하라.

_____

_____

4. 이 제품의 특장점을 설명하라.

_____

_____

핵심 메시지

1. 누구에게 판매할 것인가?

2. 이 제품이 타겟 시장에 접근할 수 있는가? 그렇다면 어떻게 접근해야 하는가?

3. 마케팅 자료에 고객의 문제를 어떻게 정의할 것인가?

4. 우리의 '킬링 한 줄'은 무엇인가? (우리의 일과 브랜드를 설명하는 한 줄)

고차원 마케팅 조사

1. 시장에서 이 제품에 대한 수요가 입증되었는가?

2. 고객 수요 조사를 실시했는가? 어떤 질문을 했고 결과는 어땠는가?

3. 이 제품을 출시한다면 경쟁 제품은 무엇인가?

   1) 경쟁 제품보다 가격이 높은가? 낮은가?

   2) 경쟁 제품보다 우리 제품이 더 나은 이유는 무엇인가?

재무

1. 이 제품의 가격은 얼마이며 어떻게 결정된 가격인가?

---

2. 수익성이 있을까?

3. 출시하기까지 비용은 얼마나 들까? 유지보수 비용은 얼마나 들까(인력을 충원해야

   하는가? 기술 지원을 더 받아야 하는가)?

---

4. 이 제품과 관련된 수익은 누가 관리할 것인가?

매출 예상치(현재 고객 기준)

1. 30일, 60일, 90일 판매 목표는 얼마인가?

---

2. 이 제품과 관련된 첫해 매출 예상치는 얼마인가?

---

3. 첫해 판매 목표 수량은 얼마인가?

제품 검증

1. 이 제품이 기존 제품에 문제를 일으킬 소지가 있는가?

---

2. 이 제품이 기존 고객이나 미래 고객의 심기를 불편하게 하지는 않을까? 그렇다면 그
   이유는 무엇인가?

_____

_____

주요 날짜

1. 이 제품은 언제 출시되는가?

_____

2. 이 제품의 상세 페이지는 언제 제작되는가?

_____

3. 고객에게 사전 출시 공지는 언제 하는가?

_____

영업 및 마케팅 계획

1. 이 제품의 주요 영업 및 마케팅 구성 요소는 언제 확정되는가?

   1) 킬링 한 줄: _____

   2) 상세 페이지: _____

   3) 고객 유치용 무료 콘텐츠: _____

   4) 구매 유도 이메일: _____

   5) SNS 자료: _____

05

경비 및 운영

간소화 전략으로
필요한 단계만 남기기

전 직원이 세 가지 경제적 목표를 중심
으로 일하면 생산성이 늘어 인건비를
절감할 수 있다. 관리 및 생산성 간소화
전략을 통해 예측 가능하고 안정적인
워크플로를 구축하자.

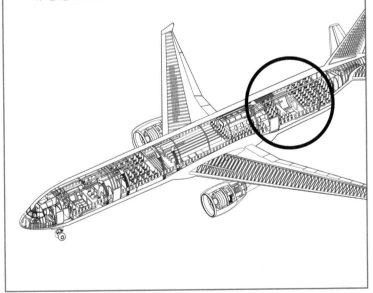

ALL-STAFF MEETING
전 직원 회의

날짜 ⬭

회사 목표 (_____년 _____월까지)

❶	❷	❸

부서별 업데이트

부서명
_____

우리 부서는 회사의 목표에 다가가기 위해 무엇을 했고 앞으로 무엇을 할 것인가?

_____

_____

지난 주에 고객에게 어떤 기여를 했는가?

_____

_____

이번 주는 어떻게 고객에게 기여할 것인가?

_____

_____

_____

부서명
_____

우리 부서는 회사의 목표에 다가가기 위해 무엇을 했고 앞으로 무엇을 할 것인가?

_____

_____

지난 주에 고객에게 어떤 기여를 했는가?

_____
_____
_____

이번 주는 어떻게 고객에게 기여할 것인가?

_____
_____
_____

부서명 _____

우리 부서는 회사의 목표에 다가가기 위해 무엇을 했고 앞으로 무엇을 할 것인가?

_____
_____

지난 주에 고객에게 어떤 기여를 했는가?

_____
_____
_____

이번 주는 어떻게 고객에게 기여할 것인가?

_____
_____
_____

LEADERSHIP MEETING
경영진 회의

회의 주관자

부서명
_____

이번 주에는 어떤 중요한 계획이 있는가?

_____
_____

그 계획을 방해하는 요인이 있는가?

_____
_____
_____

각 임무를 완수할 책임자는 누구인가?

_____
_____
_____

부서명
_____

이번 주에는 어떤 중요한 계획이 있는가?

_____
_____

그 계획을 방해하는 요인이 있는가?

_____
_____
_____

각 임무를 완수할 책임자는 누구인가?

부서명
_____

이번 주에는 어떤 중요한 계획이 있는가?

그 계획을 방해하는 요인이 있는가?

각 임무를 완수할 책임자는 누구인가?

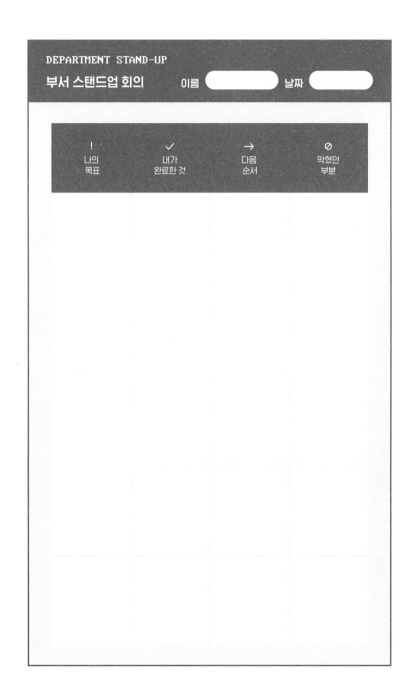

!	✓	→	⊘
나의 목표	내가 완료한 것	다음 순서	막혔던 부분

PERSONAL PRIORITY SPEED CHECK
개인별 목표 점검

이름

회사 목표 (_____년 _____월까지)

❶

❷

❸

우리 부서의 최우선 과제

❶ _____

❷ _____

❸ _____

❹ _____

❺ _____

나의 개인 목표

❶ _____

❷ _____

❸ _____

❹ _____

❺ _____

나의 발전 목표

❶ _____

❷ _____

❸ _____

특별부록

QUARTERLY PERFORMANCE REVIEW
분기별 성과 검토

이름

개인별 목표	초과	달성	미달
❶: _____ 평가:	☐	☐	☐
❷: _____ 평가:	☐	☐	☐
❸: _____ 평가:	☐	☐	☐
❹: _____ 평가:	☐	☐	☐
❺: _____ 평가:	☐	☐	☐

개인별 목표 점검을 준비해 왔는가?	☐	☐

다음 과제

06

현금 흐름

세분화 전략으로
경영 자금 관리하기

회사가 수익을 얼마나 올리고 있는지, 운영비와 세금 낼 돈, 투자할 현금을 각각 충분히 보유했는지 한눈에 파악할 수 있는가? 그렇지 않다면 다섯 가지 예금 계좌로 현금 흐름을 관리해서 방향을 명확하게 잡고 안전하게 나아가라. 소규모 비즈니스의 재정 관리는 간단해야 한다.

현금 흐름 세분화 전략

현금이 없으면 비즈니스는 망한다. 많은 사업자가 돈을 버는 법은 알아도 돈을 관리하는 법을 모른다. 비즈니스를 빠르게 성장시키려면 현금 흐름 세분화 전략을 도입하라.

현금 흐름 세분화 전략을 도입하면

- 운영비가 바닥날 리 없다. 총수익이 줄어들고 있는지 미리 알 수 있다.
- 예상치 못한 세금 고지서가 날아와도 당황할 일이 없다.
- 급여 지급이 원활하다.
- 회삿돈과 개인 자산을 구분할 수 있다.
- 외부에 투자할 돈을 확보해서 개인 자산을 불릴 수 있다.

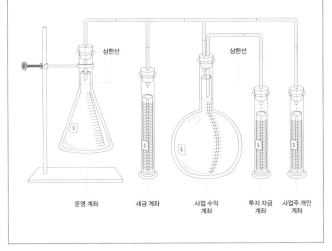

상한선   상한선

운영 계좌   세금 계좌   사업 수익
계좌   투자 자금
계좌   사업주 개인
계좌

운영 계좌

비즈니스의 모든 수익과 지출이 이 계좌로 들어오고 나간다.

세금 계좌

수익 계좌에 입금할 때마다 세금 계좌에도 같은 금액을 입금해야 한다. 즉 비즈니스에서 발생한 초과 수익(실제 수익)을 수익 계좌와 세금 계좌에 50퍼센트씩 나눠 입금하는 것이다. 그러면 언제든지 세금을 낼 수 있는 돈이 확보된다. 실제로는 그보다 적게 내기 마련이므로 연말에 확실한 수익으로 돌아온다.

사업 수익 계좌

운영 계좌의 잔액이 일정 상한선을 초과하면 그 차액을 사업 수익 계좌에 넣는다. 수익 계좌의 잔액이 월 경비의 5~6배에 이르면 조직의 안전망이 된다.

투자 자금 계좌

사업 수익 계좌에는 월 경비의 5~6배에 해당하는 상한선이 있다. 이 한도를 넘으면 차액을 투자 자금 계좌에 넣어라. 그 돈으로 수익을 늘리고 다각화할 상품에 투자하길 권한다. 예를 들어 은퇴 연금을 들거나 부동산을 구입하거나 주식 시장에 투자할 수 있다.

사업주 개인 계좌

사업주도 다른 직원들과 마찬가지로 운영 계좌에서 매월 고정 급여를 받는다. 절대 개인 용도로 운영 계좌를 이용하지 않는다.

지은이 **도널드 밀러**Donald Miller

도널드 밀러는 마케팅 컨설팅 업체 스토리브랜드StoryBrand의 창립자
이자 아마존 베스트셀러 종합 1위에 오른 작가이며, 온라인 비즈니
스 플랫폼인 비즈니스메이드심플Business Made Simple의 CEO이다. 인
텔, 팬틴, 켄 블랜차드 컴퍼니 등 매년 3000명이 넘는 비즈니스 리더
에게 영감을 주고 있다.

독자를 사로잡는 스토리 공식을 마케팅 기법으로 체계화한 책『무
기가 되는 스토리』로 전 세계 경영자와 마케터의 열렬한 지지를 받
았다. 팟캐스트 〈비즈니스메이드심플 위드 도널드밀러Business Made
Simple with Donald Miller〉의 공동 진행자로서 비즈니스 운영에 대한 조
언을 매주 들려주고 있다.

옮긴이 **이민희**

충실하게 듣고 능숙하게 전달하는 사람이 되고 싶다. 늘 가장 좋은
해석을 꿈꾼다.『드라이』,『디지털 원주민 키우기』,『과학자가 되는
시간』,『기후변화, 그게 좀 심각합니다』등을 우리말로 옮겼다.

무기가 되는 시스템

살아남는 경영자의 6단계 행동 공식

펴낸날 초판 1쇄 2023년 10월 26일
　　　　초판 4쇄 2024년 03월 23일

지은이 도널드 밀러

옮긴이 이민희

펴낸이 이주애, 홍영완

편집장 최혜리

편집3팀 이소연, 장종철, 강민우

편집 양혜영, 박효주, 김하영, 문주영, 홍은비, 김혜원, 이정미

디자인 김주연, 기조숙, 박아형, 윤소정

마케팅 김태윤, 김철, 정혜인, 김준영

해외기획 정미현

경영지원 박소현

펴낸곳 (주)윌북 **출판등록** 제 2006-000017호

주소 10881 경기도 파주시 광인사길 217

전화 031-955-3777 **팩스** 031-955-3778

홈페이지 willbookspub.com

블로그 blog.naver.com/willbooks **포스트** post.naver.com/willbooks

트위터 @onwillbooks **인스타그램** @willbooks_pub

ISBN 979-11-5581-652-3 03320